LEKTÜRESCHLÜSSEL
FÜR SCHÜLERINNEN UND SCHÜLER

Frank Wedekind
Frühlings Erwachen

Von Martin Neubauer

Reclam

Dieser Lektüreschlüssel bezieht sich auf folgende Textausgabe:
Frank Wedekind: *Frühlings Erwachen*. Stuttart: Reclam, 2000
[u. ö.]. (Universal-Bibliothek. 7951.)

RECLAMS UNIVERSAL-BIBLIOTHEK Nr. 15308
Alle Rechte vorbehalten
© 2001 Philipp Reclam jun. GmbH & Co. KG, Stuttgart
Gesamtherstellung: Reclam, Ditzingen
Printed in Germany 2015
RECLAM, UNIVERSAL-BIBLIOTHEK und
RECLAMS UNIVERSAL-BIBLIOTHEK sind eingetragene Marken
der Philipp Reclam jun. GmbH & Co. KG, Stuttgart
ISBN 978-3-15-015308-6

www.reclam.de

Inhalt

1. Erstinformation zum Werk **5**

2. Inhalt **8**

3. Personen **15**

4. Werkaufbau **25**

5. Wort- und Sacherläuterungen **29**

6. Interpretation **31**

7. Autor und Zeit **43**

8. Rezeption **52**

9. Checkliste **56**

10. Lektüretipps **59**

Anmerkungen **63**

Raum für Notizen **64**

1. Erstinformation zum Werk

Bereits das von Franz Stuck verfertigte Titelbild zur ersten Ausgabe 1891 (S. 7) war dazu angetan, den ahnungslosen Leser in die Irre zu führen: Vor sanft geschwungenen Hügeln breitet sich gefällig eine Wiese mit Schlüsselblumen, Gänseblümchen und Buschwindröschen aus, zwei junge Bäume entfalten ihre knospenden Äste, eine Schwalbe segelt durch die Luft, eine andere sitzt auf dem Schriftzug des Titels: *Frühlings Erwachen*. Bild und Wort suggerieren in ihrem Miteinander eine harmlose Beschaulichkeit, ein Idyll, das bloß durch den in schwarzen Lettern wiedergegebenen Untertitel in Frage gestellt wird: »Eine Kindertragödie«.

Gewiss: Von Natur ist in Wedekinds Drama viel die Rede, allerdings von der Natur des Menschen und da von seinem Natürlichsten, der Sexualität. *Frühlings Erwachen* handelt von Kindern, die ihre Geschlechtlichkeit entdecken, und von Erwachsenen, die dies nicht dulden. Unter Berufung auf Anstand und Pflicht deformieren sie die Seelen der Jugendlichen, welche am Ende auf der Strecke bleiben: Zwei landen auf dem Friedhof, einer im Erziehungsheim; von dort bricht er aus, will sich töten, entscheidet sich aber dann doch für das Leben.

In den ersten zehn Jahren nach seiner Veröffentlichung galt *Frühlings Erwachen* als das Skandalstück par excellence. Das Interesse entzündete sich hauptsächlich an der angeblichen Unsittlichkeit: onanierende Jugendliche, einmal solo auf dem Abort, dann gemeinschaftlich als Wettspiel, Beischlaf auf dem Heuboden und homoerotische Annäherungsversuche in freier Natur – das alles erschien einem zeitgenössischen Theaterpublikum wenig zumutbar. Damit

6 1. ERSTINFORMATION ZUM WERK

reagierte die öffentliche Diskussion allerdings nur auf einen einzigen Aspekt des sonst so facettenreichen Dramas: den Bruch von Tabus.

Später lieferte das Werk jenen Kräften, die sich für eine breitere Sexualaufklärung engagierten, die Munition für ihre Argumente. Dass *Frühlings Erwachen* jedoch mehr war als ein bloßes Thesenstück, zeigte sich im Verlauf des folgenden Jahrhunderts. Zwar mag im Zeitalter der sexuellen Befreiung das eine oder andere Handlungselement etwas angestaubt wirken, überlebt hat sich das Drama mit dem, was es angriff, aber keineswegs: Vieles ist nach wie vor zeitlos und vor allem unmittelbar berührend.

Die eigentliche Absicht des Theaterstücks übersahen in seinen ersten Jahren sowohl Gegner wie Befürworter. Dem Autor lag weniger daran, dass es als Instrument in einer außerliterarischen Diskussion über Sexualität und Aufklärung Furore machte, er wollte damit vielmehr Verständnis für die Leiden seiner jugendlichen Protagonisten wecken, es als »ein sonniges Abbild des Lebens«[1] verstanden wissen, als Werk voller Humor – ein Aspekt, der seinem Publikum nicht immer klar vor Augen stand:

»Ich glaube, daß das Stück um so ergreifender wirkt, je harmloser, je sonniger, je lachender es gespielt wird. […] Ich glaube, daß das Stück, wenn die Tragik und Leidenschaftlichkeit betont wird, leicht abstoßend wirken kann.«[2]

Titelbild der Erstausgabe 1891
Foto: Schiller-Nationalmuseum, Marbach am Neckar

2. Inhalt

I,1: Zum 14. Geburtstag ihrer Tochter Wendla hat Frau Bergmann deren Kleid länger gemacht, erregt damit aber nur ihr Missfallen. In Wahrheit will die Mutter ihr heranreifendes Kind den begehrlichen Blicken der Männer entziehen. Über den eigentlichen Beweggrund der Mutter wird Wendla im Dunkeln gelassen – ihre körperlichen Veränderungen, ihr Hang zur Grübelei und die unbewusste Artikulation erotischer Vorstellungen machen klar, dass sie mitten in der Pubertät steckt.

Frau Bergmann und Wendla

I,2: Einige Gymnasiasten beklagen ihre Arbeitsüberlastung und eilen zu ihren Hausaufgaben. Nur Melchior Gabor und sein Freund Moritz Stiefel machen sich auf einen Spaziergang. Bald fällt das Gespräch auf Fragen der Geschlechtlichkeit. Zunächst ist noch allgemein vom Schamgefühl und vom sexuellen Trieb bei Tier und Mensch die Rede, schließlich werden die beiden persönlicher: Man spricht von der ersten Erektion, von Träumen und nächtlichen Ergüssen. Melchior, um fast ein Jahr jünger, zeigt sich dabei als direkter, neugieriger, über die Zusammenhänge informierter und bietet seinem Freund an, ihn über die Geheimnisse der menschlichen Sexualität aufzuklären – ein Vorschlag, den Moritz bestenfalls nur in schriftlicher Form zu akzeptieren bereit ist.

Melchior und Moritz

I,3: Eine Szene, die ähnlich angelegt ist wie die vorangehende: Auch hier landet die Konversation – geführt von Wendla und ihren beiden Freundinnen Martha und Thea –

beim Thema der Liebe zwischen Mann und Frau. Das Sexuelle, das zuvor die Knaben irritiert hat, wird von den noch ahnungslosen Mädchen allerdings völlig ausgeklammert. Der vorbeigehende Melchior sorgt für einen Wechsel des Gesprächsthemas: Während er für die Mädchen eine respektvolle Erscheinung darstellt, sind die Meinungen über seinen Freund Moritz geteilt.

Martha und Thea

I,4: Moritz berichtet seinen Schulkameraden darüber, wie er in das leer stehende Konferenzzimmer des Gymnasiums eingedrungen ist und sich im dort aufliegenden Protokoll über sein Aufsteigen in die nächste Klasse informiert hat. Wäre er sitzen geblieben, so hätte er sich erschossen: Diese Ankündigung sorgt bei seinen Mitschülern nur für Spott – ausgenommen bei Melchior. Dessen Freundschaft zum leistungsschwächeren Moritz wird von zwei zufällig dazukommenden Lehrern verständnislos registriert.

Moritz' Selbstmordankündigung

I,5: Wendla und Melchior begegnen einander im Wald und beginnen ein Gespräch. Wendla berichtet über die tätige Nächstenliebe, die sie und ihre Mutter armen Taglöhnerfamilien angedeihen lassen; Melchior vermutet dahinter nur blanken Egoismus. Die Szene mündet in einem Ausbruch von Gewalt, in dem sich sowohl der Masochismus von Wendla als auch der Sadismus von Melchior offenbaren: In einem Traum hat sich Wendla als Bettelkind gesehen, das von seinem Vater verprügelt wird; sie bittet Melchior, dasselbe mit ihr zu tun. Melchior ist zunächst bestürzt, schlägt sie aber doch mit einem Stock, schließlich sogar mit Fäusten, bevor er weinend das Weite sucht.

Wendla und Melchior

10 2. INHALT

II,1: Moritz, den der schulische Leistungsdruck an die Grenze seiner Gesundheit getrieben hat, ist bei Melchior zu Besuch. Aus der Unterhaltung der beiden ergeben sich wichtige Vorverweise auf den weiteren Verlauf der Handlung: aus der Geschichte von der »Königin ohne Kopf«, die Moritz erzählt, auf sein eigenes Schicksal (vgl. III,7); aus dem Gespräch über die Gretchentragödie in Goethes *Faust* auf Wendlas Ende. Außerdem wird klar, dass Moritz die Ausführungen sehr beschäftigen, die Melchior für ihn zum Thema Sexualität verfasst hat.

Vorverweise auf das Ende

II,2: Wendlas Schwester Ida ist zum dritten Mal Mutter geworden. Frau Bergmann tischt ihrer Tochter die alte Geschichte vom Klapperstorch auf, doch Wendla hat bereits begonnen, hinter diesem Ammenmärchen ein größeres Geheimnis zu wittern. Sie drängt die Mutter, es ihr mitzuteilen. Trotz mehrerer Anläufe kann sich Frau Bergmann nicht dazu durchringen, ihre Tochter über die menschliche Fortpflanzung aufzuklären, sondern ergeht sich in unverbindlich formulierten Allgemeinheiten, die zugleich auch Spiegel ihrer Spießbürgermoral sind:

Frau Bergmann und der Klapperstorch

»Um ein Kind zu bekommen – muss man den Mann – mit dem man verheiratet ist … l i e b e n – l i e b e n sag ich dir – wie man nur einen Mann lieben kann!« (S. 37).

II,3: Hänschen Rilow, ein Schulkollege von Melchior und Moritz, hat sich auf dem Abort eingeschlossen, um sich dort selbst zu befriedigen. Die Reproduktion eines Renaissance-Aktes, der ihm dabei zur Stimulation dient, versenkt er am Schluss in der Klomuschel.

Hänschen Rilow: Masturbationsszene

2. INHALT **11**

II,4: Auf einem Heuboden kommt es zwischen Wendla und Melchior zur ersten intimen Begegnung.

II,5: Moritz hat Melchiors Mutter einen Brief zukommen lassen, in dem er ankündigt, vor dem unerträglichen Schuldruck nach Amerika flüchten zu wollen. Frau Gabor soll ihm dafür finanzielle Mittel bereitstellen, sonst werde er sich umbringen. Melchiors Mutter schreibt ihm einen Antwortbrief, in dem sie sein Ansinnen ablehnt, ihr Befremden über diese Selbstmordpläne ausdrückt, ihm aber zugleich auch Mut zu machen versucht.

Moritz' Amerika-fluchtplan

II,6: Wendla durchstreift in der Morgensonne den Garten, noch ganz selig von ihrem Erlebnis auf dem Heuboden. Sie bedauert, davon niemandem erzählen zu können.

II,7: Moritz hat sich in die Natur zurückgezogen, um seinem Leben ein Ende zu setzen. Den Lebensmüden beschäftigen Gedanken an seine Eltern, an seinen bevorstehenden Tod und seine Beerdigung, an seine Freundschaft zu Melchior; er bedauert, die Liebe nie kennen gelernt zu haben. Diese Gelegenheit bietet sich in der Gestalt des aufreizenden und im Umgang mit Männern erfahrenen Künstlermodells Ilse, das zufällig des Weges kommt – doch selbst sie vermag es nicht, Moritz ins Leben zurückzuholen. Wieder allein, verbrennt er Frau Gabors ablehnenden Brief: Sein Selbstmord ist beschlossene Sache.

Moritz und Ilse

III,1: Nach der Verzweiflungstat von Moritz hat sein Vater dessen Habseligkeiten durchstöbert und ist auf Melchiors handschriftliche Abhandlung »Der Beischlaf« gestoßen. Diesem Aufsatz wird die Mitschuld am Selbstmord von

Moritz' Selbstmord

12 2. INHALT

Moritz gegeben. – Die Szene zeigt nun, wie das Lehrerkollegium diesen Vorfall behandelt. Für Rektor Sonnenstich ist Melchiors Schulausschluss eine unumstößliche Angelegenheit, da er das Ansehen der Anstalt nach außen wahren will. Unter diesen Voraussetzungen kann Melchiors Anhörung nur zur Farce werden: Er hat praktisch keine Chance, da ihm jeder Versuch zur Rechtfertigung als Disziplinlosigkeit ausgelegt wird. Zur Farce ist davor auch die Diskussion unter den Lehrern geraten, die sich nicht an pädagogischen Argumenten entzündet hat, sondern an der lächerlichen Frage, ob ein Fenster zur Belüftung des Konferenzzimmers zu öffnen sei oder nicht.

Melchiors Schulausschluss

III,2: Bei der Beerdigung von Moritz spricht Pastor Kahlbauch ungeniert von dessen Verdammung als Selbstmörder. Herr Stiefel verleugnet seinen Sohn am offenen Grab, die übrigen Erwachsenen – darunter das Lehrerkollegium – haben nur Verachtung für den Toten übrig. Die Mitschüler zeigen statt Mitgefühl bloß Sensationslust oder sind in Gedanken bereits bei ihren schulischen Pflichten. Einzig bei Martha und Ilse offenbart sich Anteilnahme, doch erliegen auch sie – wie die Knaben – der Faszination des Todes, wenn Ilse die Pistole des Selbstmörders, die sie am Tatort gesichert hat, als Andenken aufbewahren will.

Moritz' Beerdigung

III,3: Melchiors Eltern werfen einander untaugliche Mittel bei der Erziehung ihres Sohnes vor. Der Vater, ein Jurist, möchte sein Kind nach dem Prinzip von Schuld und Sühne behandelt wissen: Nur die Einweisung in eine Korrektionsanstalt könne die »Grundschäden des

Melchior soll in die Korrektionsanstalt

2. INHALT 13

Charakters« (S. 62) reparieren helfen. Ein solcher Schritt
würde für die Mutter, die für Verständnis und Milde plä-
diert, den Untergang Melchiors bedeuten. Sie droht zunächst, sich von ihrem Gatten trennen zu wollen, gibt aber
dann doch nach, als ihr Herr Gabor die Schwängerung
Wendlas durch Melchior aufdeckt, worüber er durch einen
zufällig abgefangenen Brief unterrichtet worden ist.

III,4: In der Korrektionsanstalt, wo laut Vater Gabor
»eherne Disziplin, Grundsätze und [...] moralische[r]
Zwang« (S. 65) herrschen, onanieren die Zög-
linge – darunter auch Melchior – um die Wette. Die Gedanken an Wendla und Moritz lassen Melchior nicht los, er wälzt Fluchtpläne.

> Melchiors
> Fluchtplan

Unabhängig davon nimmt sich die Anstaltsleitung vor, die
Sicherheitsvorkehrungen zu verstärken.

III,5: Wendla ist unwohl. Doktor von Brausepulver
spricht in ihrer Anwesenheit von Bleichsucht, doch ihrer Mutter entlockt sie die
Wahrheit: Sie bekommt ein Kind. Wendlas
fassungslose Reaktion ist Ausdruck unter-
drückter Sexualaufklärung: »Ich bin ja doch nicht verheiratet …!« (S. 70; vgl. dazu II,2). Eine Abtreibung soll die
Schande aus der Welt schaffen.

> Wendla ist
> schwanger

III,6: Abendstimmung während der Weinlese. Ein Ge-
spräch, das Hänschen Rilow und sein Schulfreund Ernst
Röbel über ihre Zukunft führen, mündet in homoerotischen
Zärtlichkeiten.

III,7: Melchior ist aus der Erziehungsanstalt entkommen
und auf einen Friedhof geflohen. Über das Geschehene verzweifelt, spielt er mit Todesgedanken und entdeckt das

Grab Wendlas, die an den Folgen der Abtreibung ums Leben gekommen ist. Der Geist von Moritz erscheint mit dem Kopf unterm Arm und will Melchior zum Tod verführen: Das Bild vom Jenseits, das er auf verlockende Weise entwirft, lässt das Diesseits erbärmlich, lächerlich und bedauernswert erscheinen. Schon ist Melchior bereit, den Versuchungen des Gespensts mit Handschlag nachzugeben, da taucht plötzlich ein vermummter Herr auf: eine geheimnisvolle Gestalt, die ihre Identität trotz Melchiors Drängen bis zum Schluss nicht preisgibt. Er entlarvt die Rede von Moritz als Täuschung und führt Melchior wieder zurück unter die Menschen, zurück ins Leben. Moritz' Geist bleibt Melchiors Versprechen, dass er an ihn ewig denken wolle.

Friedhofsszene: Melchior, Moritz' Geist, der vermummte Herr

3. Personen

Zwei große Personengruppen lassen sich in *Frühlings Erwachen* ausmachen:

1. Die Gruppe der Minderjährigen: Sie setzt sich zusammen aus den drei Hauptfiguren **Melchior**, **Moritz** und **Wendla**, aus ihren Mitschülerinnen und Mitschülern sowie aus den Zöglingen der Korrektionsanstalt.

2. Die Gruppe der Erwachsenen: Die Eltern der Hauptfiguren (das **Ehepaar Gabor**, **Rentier Stiefel**, **Frau Bergmann**), weiter andere Erwachsene (Verwandte und Freunde der Hauptpersonen, Lehrer, Arzt, Pastor usw.).

Die Gruppe der Minderjährigen

Melchior und **Moritz** sind in ihrem Charakter als Kontrastfiguren angelegt. Melchior, um fast ein Jahr jünger als Moritz (vgl. I,2; S. 13), ist seinem Alter und seinem Freund weit voraus. Von den Mädchen wird er bewundert (vgl. I,3; S. 19): Thea und Martha finden in erster Linie sein Aussehen interessant, Wendla hingegen seinen Geist, wenn sie seine schulischen Leistungen und seinen Mut zum nihilistischen Denken hervorhebt. Introvertiert sind sowohl Melchior als auch Moritz, doch artikuliert sich bei Melchior das Interesse an der neu entdeckten Sexualität weit ungestümer. Dass er seine erwachenden Triebe rational an der Wurzel fassen möchte, registrieren die Erwachsenen mit Abscheu: Neugierde nach dem Urgrund der Existenz wird von ihnen als Unzucht diffamiert.

> Melchior und Moritz

X Die Überzeugung, dass alles Seiende im Prinzip sinnlos ist, weshalb alle Werte und Ziele abzulehnen sind.

Ist Melchior vom Wissensdrang belastet, so ist es Moritz vom Wissenszwang. Die Schulangst lässt ihn davon träumen, sich allen Anforderungen durch Flucht nach Amerika zu entziehen; als er diese Idee aufgrund fehlender Geldmittel nicht verwirklichen kann, flieht er in den Tod. Als »kleinen Geschlechtshamlet, der sich erschießt«[3], bezeichnete der Berliner Kritikerpapst Alfred Kerr die Figur des Moritz – und tatsächlich verweist diese Schülergestalt auf die Gestalt des Shakespear'schen Tragödienhelden, nicht nur in Bezug auf die melancholischen Charakterzüge beider. Wie Hamlet schwankt Moritz zwischen Sein oder Nichtsein, zwischen Todessehnsucht und dem fehlenden Mut, den allerletzten Schritt zu tun. Als er im Schlussbild des Dramas mit einem Schädel in der Hand erscheint, ist es nicht – wie in *Hamlet* – ein Totenkopf, sondern sein eigener: die Gruselgestalt als groteskes Zerrbild des Dänenprinzen.

Unbelastet von Zwängen gibt sich **Hänschen Rilow**. Er

Hänschen Rilow

sieht sich weder durch Moral noch durch Pflicht eingeschränkt, sondern lebt seine sexuellen Bedürfnisse aus: einmal onanierend auf dem Klosett (II,3), das andere Mal in homoerotischer Zweisamkeit in den Weingärten (III,6) – beide Szenen hat die Zensur bei der Uraufführung unterdrückt. Zur Entwicklung der Kernhandlung tragen sie zwar nichts bei, doch führen sie die sexuellen Nöte eines pubertierenden Menschen vor Augen, der wegen einer noch gestörten Beziehung zum anderen Geschlecht ein Ventil für seinen Triebstau sucht.

Wie Moritz ahnt auch **Wendla** das Geheimnis des Ge-

Wendla

schlechtlichen, anders als er jedoch ergründet sie es nicht auf eigene Faust, sondern wendet sich an ihre Mutter. Die versagt in

3. PERSONEN 17

dieser Frage als Vertrauensperson, indem sie der Tochter die ersehnte Aufklärung verweigert. Wendla, die noch Schwärmerische, Kindliche, Naive, beginnt zur Frau heranzureifen, ihre erotischen Gefühle zu spüren – doch von Liebe ist noch nicht die Rede. »Ich liebe dich so wenig, wie du mich liebst«, sagt Melchior, bevor er sie entjungfert (II,4; S. 41), und Wendla selbst zeigt sich in der nachfolgenden Szene im Garten (II,6) berauscht von ihren Gefühlen, nicht von den Gedanken an einen Geliebten.

Wendlas sexuelles Erwachen äußert sich in einem Masochismus, der wiederum Melchiors sadistisches Gewaltpotential weckt (vgl. den Schluss von I,5). Mit Freuden würde sie stellvertretend für ihre Schulfreundin Martha Bessel Martern aller Arten erdulden, in einem Sack schlafen (I,3; S. 17) oder tagtäglich verprügelt werden (I,5; S. 25). Im Traum sieht sie sich als leidendes und gedemütigtes Bettelkind (I,5; S. 25), und bei ihrer ersten Begegnung verstört sie Melchior mit ihrer Lust nach Schlägen. Die Unterwürfigkeitsphantasien Wendlas sind ein Zeichen dafür, dass sie sich noch nicht vollständig von ihrer Mutter gelöst hat; das Festhalten an Abhängigkeit und Unterordnung überlagert auch die zwischengeschlechtliche Beziehung zu einem Gleichaltrigen.

> Parallel zur Entdeckung der kindlichen Sexualität in der Psychologie durch Freud vollzieht sich deren Entdeckung auf der Bühne. Die Welt der Kinder ist kein Rückzugsgebiet reiner Unschuld mehr: Die Thematisierung von Masturbation, Homosexualität und Sadomasochismus lassen den Gedanken an eine idealisierende Verklärung als positive, unbelastete Gegenwelt zur Welt der Erwachsenen gar nicht aufkommen.

18 3. PERSONEN

Die Gruppe der Erwachsenen

Die **Elternfiguren** in *Frühlings Erwachen* stehen vor dem Grundproblem, dass ihre Kinder den Vorstellungen und Erwartungen, die in sie projiziert werden, nicht entsprechen. Das führt zu falschen oder unangemessenen Reaktionen, die die Schwächen und die mangelhafte Kompetenz der Erzieher entlarven. In erster Linie geht es den Eltern darum, ihre Macht und ihre Kontrolle über die Kinder beizubehalten.

Familie

Drei Familien werden mehr oder weniger direkt vorgestellt: Frau Bergmann als Alleinerzieherin ihrer Tochter Wendla, das gut situierte Ehepaar Gabor und von der Familie Stiefel nur der Vater, der bei der Beerdigung seines Sohnes kurz auftritt.

Aus **Frau Bergmanns** Worten in Szene II,2 (S. 33 f.) lassen sich Schlussfolgerungen ableiten, die ihrerseits wiederum ihre Sorge um Wendla verständlicher machen: Offenkundig ist ihre ältere Tochter eine Ehe eingegangen, um ihr Kind, das sie zu diesem Zeitpunkt erwartet hat, zu legitimieren. Das vermag Frau Bergmanns zimperliches Vermeiden des Themas Sexualität bis zu einem gewissen Grad zu erklären. Aufklärung setzt sie mit dem Verlust der kindlichen Unschuld gleich; mit Lüge und Verheimlichung will sie das Bild der Reinheit für sich selbst konservieren. Als dies misslingt, soll eine Abtreibung dieses Bild zumindest nach außen hin aufrechterhalten. Damit ist Frau Bergmann letztlich für den Tod ihrer Tochter verantwortlich. Noch im Grab ist Wendla Opfer der mütterlichen Lügen: »[G]estorben an der Bleichsucht«, verkündet der in den Stein gemeißelte Schriftzug.

Frau Gabor zeigt sich bei ihrem ersten Auftreten (II,1)

als durchaus fürsorglich und verständnisvoll, versucht mäßigend auf den Studierwahn von Moritz einzuwirken. Er schenkt ihr daraufhin sein Vertrauen, indem er sie für die Verwirklichung seines naiven Fluchtplans brieflich um finanzielle Hilfe bittet. Was für Moritz ein existenzielles Problem darstellt, wird von Frau Gabor als vorübergehender Spleen verkannt: Sie gewährt ihm die erbetenen Mittel nicht und wird durch diese Unterlassung mitverantwortlich an seinem – bereits im Brief angedrohten – Tod.

In Szene III,3 schließlich verteidigt sie zunächst ihren Sohn Melchior, möchte ihn aber am Ende – wie von ihrem Gatten beabsichtigt – in eine Korrektionsanstalt eingewiesen sehen: in erster Linie aus Enttäuschung darüber, dass sich Melchior mit seinem ersten Geschlechtsverkehr eine eigene intime Sphäre errichtet hat, die sich der elterlichen Einblicknahme zur Gänze entzieht.

Herr Gabor sieht die ganze Affäre mit dem nüchternen, sachbezogenen Blick eines Juristen. Die rationale Art, den Gegenstand zu behandeln, erachtet er im Vergleich mit dem gefühlsbetonten Zugang seiner Gattin als überlegen. Der vom darwinistischen Denken geprägte Vater sieht im sexuellen Erwachen Melchiors eine Schwäche, die es unter allen Umständen zu beseitigen gilt – eben in der Korrektionsanstalt. Wie auch in der Szene mit den Lehrern (III,1) wird Melchior die Gelegenheit verwehrt, sich rechtfertigen zu können; hier wie dort ist das Urteil über ihn bereits von Anfang an gesprochen. Wedekind hat in dieses Gespräch zwischen Mutter und Vater Gabor authentische Gesprächspassagen aus seinem eigenen Elternhaus eingebaut; nach Angaben Tilly Wedekinds soll sich die Mutter des Dichters darüber sehr peinlich berührt gezeigt haben.[4]

Der Leistungsfetischismus des **Elternpaares Stiefel** lässt im schulischen Verhalten ihres Sohnes fast schon pathologische Züge zum Durchbruch kommen: »Wenn i c h durchfalle, rührt meinen Vater der Schlag, und Mama kommt ins Irrenhaus« (S. 28 f.). Die Angst, die zu hoch angesetzten Erwartungen seiner Eltern enttäuschen zu müssen, lassen Moritz den Selbstmord wählen – eine Tat, die dem bürgerlichen Selbstwertgefühl des Vaters einen derartigen Schlag versetzt, dass er seinem Sohn selbst bei dessen Beerdigung nicht verzeihen kann.

Das **Professorenkollegium** ist durchweg mit negativen Zügen versehen: allesamt borniere Pedanten, gefühllos und hartherzig. Ihre Namen weisen sie als Zerrbilder ihres Standes aus: Hungergurt, Knochenbruch, Affenschmalz, ein Stotterer namens Zungenschlag und andere. Bereits die Szene II,1 zeigt, wie unbeeindruckt Lehrer letztlich vom Tod eines Schülers bleiben können (vgl. S. 31). Bei der Beerdigung von Moritz steigert sich ihre Gefühllosigkeit ins Monströse: Kein trostreicher Nachruf ist am offenen Grab zu hören, dem Toten wird nur Schlechtes nachgesagt. Schon eine Szene zuvor kann man sich bei einem Streit über ein zu öffnendes Fenster davon überzeugen, dass es dem Professorenkollegium an einem zivilisierten Umgangston fehlt. In einer Dialogpassage, die Wedekind der zweiten Auflage von 1894 hinzugefügt hat, scheuen die Lehrer sogar nicht davor zurück, sich in Anwesenheit Melchiors gegenseitig ihre Jugendsünden an den Kopf zu werfen. Die Pädagogen erweisen sich insgesamt als fragwürdige moralische Instanzen, die nicht nur unfähig sind, Prioritäten zu setzen, sondern auch das Wohl der Schule über das Wohl ihrer Schüler stellen.

So wie die Lehrer insgesamt eine fratzenhafte Karikatur der durch sie vertretenen Institution abgeben, so ist auch

Pastor Kahlbauch ein denkbar unwürdiger Repräsentant seines Standes. Wenn er für den jugendlichen Selbstmörder nur Worte der Verdammung findet, so zeigt er, dass es mit seiner christlichen Nächstenliebe nicht weit her ist; ebenso kümmerlich ist es um seine fachliche Kompetenz bestellt, wenn er den Römerbrief mit dem Ersten Korintherbrief verwechselt und damit falsch aus der Bibel zitiert (vgl. S. 57f.).

Mit seiner sozialen Anklage gegen Familie, Schule und Kirche verfolgt Wedekind dieselbe Stoßrichtung wie die Dichter des Naturalismus, obwohl er sich selbst als deren Gegenpol sah. Die drei Instanzen erscheinen damit als verständnislos reagierende Gegenkräfte, die in den jugendlichen Protagonisten weiter das sehen wollen, was sie nicht oder nicht mehr sind. So interpretieren sie Melchiors Neugier als triebhafte Äußerung eines verkommenen Schmutzfinken, bemerken nicht, wie Moritz seine Rolle als Lernmaschine nicht erfüllen kann und zunehmend an der Schule verzweifelt, reagieren nicht auf Wendlas Verwandlung vom Mädchen zur Frau. Doch artet der Druck, den die Erwachsenen auf die Kinder ausüben, in keinen offenen Generationenkonflikt aus – ein Thema, das vor allem die expressionistische Literatur zwei Jahrzehnte später beherrschen wird. In Wedekinds *Frühlings Erwachen* wehren die Jugendlichen sich nicht, sie bleiben angepasst und zahm.

Abseits der Gruppen: Ilse und der vermummte Herr

Zwei Figuren stehen abseits der Gruppen: Nicht so recht zu den Gymnasiasten passt das Künstlermodell **Ilse**, deren Lebenswelt die Boheme ist und die mit ihrer Sexualität viel

3. PERSONEN 23

lockerer umzugehen weiß als ihre Altersgenossen beiderlei
Geschlechts. Und da ist natürlich der **vermummte Herr**, der im Schlussbild plötzlich
aus dem Nichts auftritt – ein Erwachsener
zwar, aber mit den rätselhaften Qualitäten ei-
ner Symbolgestalt ausgestattet. Er ist die Schlüsselfigur des
Stücks; Wedekind hat dem Drama eine Widmung an ihn
vorangestellt (vgl. S. 5). Von der Art, wie man ihn deutet,
hängt es ab, wie man das Stück liest: Verkörpert er die
Sexualität der Erwachsenen? Ist er der Teufel? Oder – wie
vielleicht auch der kopflose Moritz – nur eine Projektion
Melchiors? Wird in seiner Gestalt die romantische Ironie
wiederbelebt, wie der Literaturwissenschaftler Friedrich
Gundolf meinte? Oder ist er bloß eine funktionale Instanz,
die die Handlung einem positiven Ende zuführt, ein ›deus ex
machina‹, in dem sich der Kunstcharakter des Theaters manifestiert?

> Der vermummte
> Herr

Die geläufigste Deutung ist freilich jene, dass der vermummte Herr nichts anderes als das Leben selbst repräsen-
tiert. Damit korrespondiert er in auffälliger Form mit der
anderen Dramenfigur, die außerhalb ihrer Gruppe steht,
nämlich mit **Ilse**: Beide wollen auf ihre Art
und Weise todessüchtige Knaben ins Leben
zurückrufen, beide mit unterschiedlichem
Ergebnis. Ilse bietet Moritz Leben und Liebe an, doch die
Verführung bleibt erfolglos (II,7): Moritz bringt sich um,
obwohl er zuvor noch bitter festgestellt hat: »Es ist etwas
Beschämendes, Mensch gewesen zu sein, ohne das Mensch-
lichste kennen gelernt zu haben« (S. 44 f.). Im letzten Bild
erscheint Moritz als Todesgespenst, das Melchior mit den
Reizen des Jenseits zu verlocken trachtet, doch bleibt die
Verlockung des Lebens diesmal stärker.

> Ilse

24 3. PERSONEN

Ilse und der vermummte Herr sind miteinander wesensverwandt. Beide ergreifen für das Diesseits Partei: das Mädchen durch seine sinnliche Präsenz, die Friedhofserscheinung mit ihrer Argumentation. Nicht nur ihre gemeinsame Intention und ihre Distanz zur Kinder- bzw. Erwachsenengruppe verbindet diese beiden Gestalten miteinander, auch die Tatsache, dass jene Szenen, in denen sie jeweils mit dem Todessüchtigen konfrontiert werden (II,7 und III,7), auch äußerlich durch ihre Stellung an den Aktschlüssen und durch ihren ähnlichen Aufbau aufeinander bezogen sind. Beide beginnen mit einem Monolog des Lebensmüden, beide spielen sich in einer vergleichbaren Umgebung ab – Einsamkeit der Natur, Zwielicht, leise Geräuschuntermalung: einmal durch einen Fluss, das andere Mal durch das Rascheln des Laubs. Auf die Ilse-Szene wird in der Schlussszene zudem noch direkt hingewiesen: »Erinnern Sie sich meiner denn nicht?«, sagt der vermummte Herr zum toten Moritz. »Sie standen doch wahrlich auch im letzten Augenblick noch zwischen Tod und Leben« (S. 81). So sind Ilse und der maskierte Herr auf dem Friedhof als Verkörperungen desselben Prinzips lesbar, die an ihrem jeweiligen Gegenüber mit jeweils unterschiedlichem Erfolg wirksam werden.

4. Werkaufbau

Frühlings Erwachen ist ein Musterbeispiel für eine Form, die in der Literaturwissenschaft die Bezeichnung »offenes Drama« trägt. Kennzeichen dieses dramatischen Typus ist unter anderem, dass die sich über einen längeren Zeitraum erstreckende Handlung in einer Aneinanderreihung von einzelnen signifikanten Szenen präsentiert wird. So unmittelbar, wie das Geschehen mit dem Geburtstag Wendlas einsetzt, endet es auch: Es bleibt offen, welchen Gang Melchiors Leben weiter nehmen wird. Theoretisch wäre die Handlung also nach vorne und nach hinten zu ergänzen, ebenso denkbar wäre es, zusätzliche Szenen noch einzuschieben, die – obwohl handlungstragend – in der vorliegenden Form vom Leser oder Zuschauer mitgedacht werden müssen: beispielsweise die Auffindung von Melchiors Aufklärungsschrift durch Herrn Stiefel, Wendlas Tod oder Melchiors Flucht aus der Korrektionsanstalt.

Die Einheit der Handlung ist in *Frühlings Erwachen* demzufolge nicht gegeben. Es vollzieht sich keine konzentrierte Darbietung eines einzigen Handlungsstranges ohne Nebenhandlungen, es gibt keinen Helden, dessen Einzel-

Keine Einheit der Handlung

biographie in der Mitte des Geschehens steht. Das Drama entfaltet sich vielmehr um gleich drei Lebensläufe: um den von Wendla, Moritz und Melchior. Letzterer nimmt in mehrfacher Hinsicht eine Sonderstellung ein: Sein Schicksal ist mit dem der beiden anderen verknüpft, während Wendla und Moritz direkt nichts miteinander zu tun haben. *Frühlings Erwachen* verfolgt jedoch nicht nur die Biographien dieser drei Hauptfiguren. Im Stück finden sich auch Szenen,

26 4. WERKAUFBAU

die auf provozierende Weise pubertäre Bedrängnisse darstellen, die Handlung allerdings nicht nach vorne treiben (vgl. II,3 oder III,6).

Der alten Auffassung vom Drama zufolge ist die Einheit der Zeit dann gewahrt, wenn im Stück ein zeitlicher Rahmen durchmessen wird, der 24 Stunden nicht überschreitet. Davon kann in Wedekinds Stück nicht die Rede sein: Es beginnt mit Wendlas Geburtstag im Frühjahr und endet im November, stellt also einen Zeitraum von etwa einem halben Jahr dar. Mit dem Wechsel der Jahreszeiten geht auch ein Wechsel der Stimmung parallel: Der Beginn ist gekennzeichnet von Aufbruch und Erwartung, bei der Schlussszene auf dem Friedhof herrscht eine Atmosphäre von Verfall und Tod.

Keine Einheit der Zeit

Steter Schauplatzwechsel prägt die Handlung von *Frühlings Erwachen*. Sie ist in viele Einzelszenen aufgelöst: fünf im ersten Akt, jeweils sieben im zweiten und im dritten Akt – ein Verfahren, das mit dem des Films vergleichbar ist. Wedekind achtet dabei auf Kontrastierung aufeinander folgender Szenen. Die Abwechslung zwischen Außenräumen – freier Natur – und geschlossenen Innenräumen korrespondiert dabei mit den das Stück bestimmenden gegensätzlichen Prinzipien von Freiheit und Zwang.

Keine Einheit des Orts

Ein anderer szenischer Rhythmus manifestiert sich in der alternierenden Abfolge von Mädchen- (I,1; I,3) und Knabenszenen (I,2; I,4) zu Beginn des Stücks. Erst in der letzten Szene des ersten Akts kommt es zur Synthese, indem im ersten Aufeinandertreffen zwischen Wendla und Melchior eine unmittelbare Begegnung der Geschlechter gezeigt wird.

4. WERKAUFBAU 27

Das Prinzip des Kontrasts bestimmt auch andere Szenenfolgen, wie beispielsweise II,3 und II,4. In der einen setzt Hänschen Rilow seine unterdrückte Sexualität in der Masturbation frei, in der darauf folgenden kommt es zur Verführung Wendlas durch Melchior. Beide Szenen spielen in Rückzugsgebieten des Privaten, auf dem Abort und auf dem Heuboden; hier wie dort werden Varianten von sexueller Befriedigung ausgelebt, einmal ohne, einmal mit einem Partner, doch jedesmal ohne seelische Beteiligung: »O glaub mir, es gibt keine Liebe! – Alles Eigennutz, alles Egoismus!« (III,4; S. 41).

4. WERKAUFBAU

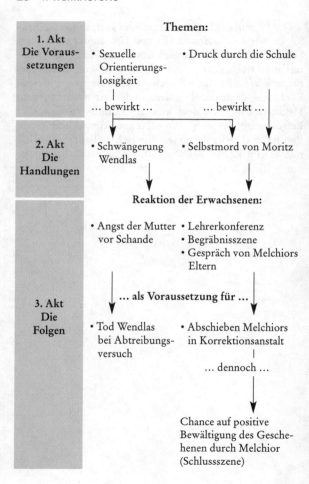

5. Wort- und Sacherläuterungen

7,13 **Prinzesskleidchen:** taillenbetontes Gesellschaftskleid.

8,7 **Volants:** Besatz an Damenkleidern.

10,2 **Dryade:** in der griechischen Mythologie Baumnymphe (vgl. auch 23,1).

13,36 **Cœrdame:** Herzdame.

14,11 f. **Gouvernante:** Privaterzieherin.

16,10 **Ponyhaare:** in die Stirn gekämmte Frisur.

16,25 **Hemdpasse:** glatter Schulterteil eines Hemds.

16,26 **Atlas:** glatter Seidenstoff.

19,6 **Aristoteles:** griechischer universaler Philosoph (384–322 v. Chr.), der Lehrer Alexanders des Großen.

19,12 **Primus:** Klassenbester.

20,36 **promoviert:** in die nächste Klasse aufgestiegen.

22,11 **Maulschelle:** Ohrfeige.

23,6 **Waldmeister:** Labkrautgewächs.

23,31 **Runse:** Bachbett.

28,5 **Kanapee:** Sofa.

28,15 **abgeschnappt:** eingedämmert.

29,4 **schwindsüchtig:** an Lungentuberkulose erkrankt.

29,6 **Aureole:** Heiligenschein.

30,3 **disputierten:** einen gelehrten Streit führten.

32,20 **»Plötz«:** historisches Nachschlagewerk von Karl Ploetz, erstmals erschienen 1855.

33,20 **Mantille:** leichter Umhang.

33,23 **Korsett:** Mieder.

37,30 **kontemplativ:** betrachtend.

38,35 f. **Kollegienheften:** Vorlesungsmitschriften.

39,2 **Tartarus:** in der griechischen Mythologie der am tiefsten gelegene Teil der Unterwelt.

39,8 **Blaubart:** hier: Frauenmörder.

30 5. WORT- UND SACHERLÄUTERUNGEN

39,14 **Lurlei:** Loreley; Rheinnixe, die mit ihrem Gesang die Flussschiffer ins Verderben lockt.

40,26 **Bahrtuch:** Leichentuch.

46,22 **Priapia:** eine Art Männerklub, benannt nach dem antiken Fruchtbarkeitsgott Priapus.

48,2 **Redoute:** Maskenball.

49,19 **Sassaniden:** persisches Herrschergeschlecht.

49,20 **Parallelepipedon:** von drei parallelen Ebenenpaaren begrenzter geometrischer Körper (vgl. auch 60,21).

51,13 **Relegation:** Ausschluss aus einer Schule oder Universität (vgl. auch 64,26).

52,5 **weiland:** veraltet für: früher.

54,10 **Rentier:** Person, die von ihrer Rente oder von den Zinsen ihres Vermögens lebt.

56,14 **Volapük:** Kunstsprache (wie z.B. auch Esperanto).

58,18 **Grog:** alkoholhaltiges Mischgetränk.

63,18 **eklatanteste:** auffälligste, hervorstechendste.

65,15 **ehern:** eisern, hier: streng.

66,36 **kolportiere:** hier: verbreite Gerüchte.

68,3 **Stahlweinen:** eisenhaltige Getränke gegen Blutarmut.

72,29f. **Milchsette:** Milchnapf.

77,17 **Gassenhauern:** populären Melodien.
    Lazzaroni: Lazzarone: Armer, Bettler in Neapel.

79,19 **Abortivmitteln:** Mitteln, die eine Fehlgeburt herbeiführen sollen.

80,4 **bramarbasiert:** geprahlt.

80,5 **traktieren:** bewirten.

81,36 **enervierenden:** nervenaufreibenden.

Weitere Erläuterungen finden sich am Ende der Reclam-Ausgabe von *Frühlings Erwachen* (S. 83–100) sowie im dazugehörenden Reclam-Band *Erläuterungen und Dokumente* von Hans Wagener (vgl. Literaturhinweise, S. 62).

6. Interpretation

Sexualität und Öffentlichkeit

Der Schriftsteller Ludwig Thoma berichtete über seinen Kollegen Wedekind, dass dieser »über sexuelle Dinge mit einer souveränen Sachlichkeit sprach, als habe er sie erfunden und ihre richtige Anwendung zu überwachen.«[5] Wer wie Wedekind den unbefangenen Umgang mit der Geschlechtlichkeit vorlebte und in seinen Werken zur Sprache brachte, musste zwangsläufig Aufsehen in einer Zeit erregen, die Prüderie und Verklemmtheit mit Moral gleichsetzte. In seiner ab 1908 erschienenen *Illustrierten Sittengeschichte* schreibt der – wie Wedekind von der wilhelminischen Zensur verfolgte – Kulturhistoriker Eduard Fuchs:

»Das Hauptwesen des äußeren Anstandes besteht in der möglichst restlosen Ausschaltung alles Geschlechtlichen im öffentlichen Gebaren. Die Liebe hat hier scheinbar aufgehört zu existieren. Man ist öffentlich geschlechtslos. […] Ja, selbst ernste Unterhaltungen über geschlechtliche Fragen werden peinlich gemieden; und mit einer Frau über solche zu reden, gilt geradezu als taktlos. Eine anständige Frau weiß offiziell von solchen Dingen nichts.«[6]

Die Kinder möglichst lange über das Wesen des Geschlechtlichen im Dunkeln zu lassen: So lautete zu Wedekinds Zeiten der Grundsatz der Sexualerziehung, verbreitet in Anstandsbüchern wie etwa dem aus der Feder Karl von Raumers (1853):

»Hat eine Mutter die geistige Autorität über ihre Tochter, die eine gute Mutter haben soll, so braucht sie ihr nur einmal ernst zu sagen: es wäre gar nicht gut für dich, wenn du so etwas wüßtest, du mußt es vermeiden, davon sprechen zu hören. Ein recht sittsam erzogenes Mädchen wird von da an eine Scheu empfinden, von Dingen der Art reden zu hören.«[7]

Auch Wendlas Mutter ist um die sittliche Reinheit ihrer Tochter besorgt, schon von der ersten Szene an. Der Streit der beiden um die Länge des Kleides reflektiert Tugendvorstellungen, wie sie im 19. Jahrhundert allgemein gängig waren: Die Mode der fußfreien Röcke wurde als anstößig empfunden, das Herzeigen der Beine als typische Geste der Prostituierten diskreditiert.

Frühlings Erwachen fällt in eine Zeit, in der die Öffentlichkeit immer größere Offenheit zeigte, Fragen der Sexualität zu diskutieren. Die Bereitschaft, bislang Tabuisiertes zur Sprache zu bringen und Grenzen der Konvention zu sprengen, bedeutete gleichzeitig auch, ein Bekenntnis zur Fortschrittlichkeit zu leisten. Naturalistische Literaten wie Emile Zola, Henrik Ibsen oder August Strindberg griffen in ihren Werken wiederholt die Ehe- und Prostitutionsthematik auf, in der Wissenschaft richtete sich das Augenmerk von Forschern wie Sigmund Freud oder Richard Krafft-Ebbing (*Psychopathia sexualis*, 1882) gleichermaßen auf die Sexualität wie auf das ebenfalls ins Blickfeld rückende Phänomen der Scham.

> Tabubruch als
> Zeitthema

Sittlichkeit und Kriminalität

Wie sehr die herrschende Moral in Unmoral umschlägt, zeigt Szene III,5 auf drastische Weise. Wendla erwartet ein uneheliches Kind, die Familie Bergmann dadurch Schande

6. INTERPRETATION   **33**

und Verachtung. Scheinheiligkeit und Bereitschaft zum Verbrechen liegen nah beisammen, wenn die bigotte Frau Bergmann zunächst in einem Akt nach außen gekehrter Frömmigkeit auf die Barmherzigkeit Gottes hofft, im nächsten

Frau Bergmanns Doppelmoral

Moment aber die Engelmacherin zur Tür hereinlässt: Nur die Abtreibung kann die Fassade der Wohlanständigkeit nach außen wahren.

Wie groß ist das Risiko, das Frau Bergmann damit eingeht? Immerhin hieß es doch beispielsweise im § 218 des seit 1871 in Kraft befindlichen Reichsstrafgesetzbuchs:

»Eine Schwangere, welche ihre Frucht vorsätzlich abtreibt oder im Mutterleib tötet, wird mit Zuchthaus bis zu 5 Jahren bestraft. Sind mildernde Umstände vorhanden, so tritt Gefängnisstrafe nicht unter 6 Monaten ein. Die selben Strafvorschriften finden auf denjenigen Anwendung, welcher mit Einwilligung der Schwangeren die Mittel zu der Abtreibung oder Tötung bei ihr angewendet oder ihr beigebracht hat.«[8]

In späteren Jahren herrschte die Tendenz, die bestehenden Bestimmungen noch zu verschärfen. So drohte der Entwurf für das Deutsche Strafgesetzbuch aus dem Jahr 1911 demjenigen ein Strafmaß bis zu zehn Jahren Zuchthaus an, der »die Leibesfrucht einer Schwangeren ohne deren Wissen oder Willen tötet«[9].

Die Gefahr, erwischt und verurteilt zu werden, hielt sich allerdings in Grenzen; auch deckte sich das hohe Strafmaß keineswegs mit dem Unrechtsbewusstsein weiter Volkskreise. Wenn Frau Bergmann daher größere Furcht vor der Schande als vor der Justiz an den Tag legt, so ist ihr Verhalten – gemessen am Geist der Zeit – nicht außergewöhnlich.

34 6. INTERPRETATION

Komödie oder Tragödie?

In der Gestalt von Frau Bergmann tritt dem Leser in ab-
gewandelter Form eine alte Komödienfigur

Das Komödien-
prinzip von Sein
und Schein

entgegen, nämlich die des unmoralischen
Moralapostels: eines nach außen hin gottes-
fürchtigen Menschen, der in Wahrheit Gottes Gebote mit Füßen tritt – wie beispiels-
weise Molières Tartuffe. In Wendlas Fall hat diese Scheinheiligkeit allerdings einen tödlichen Ausgang: Wendla stirbt an
den Folgen der von ihrer Mutter beschlossenen Abtreibung.

Es gehört zum Wesen der Komödie, dass sie vom Wider-
spruch zwischen Sein und Schein lebt: Menschen und Situa-
tionen präsentieren sich anders, als sie in Wahrheit sind. In
Frühlings Erwachen gilt dies nicht nur für Wendlas Mutter,
sondern gleich für die ganze Gesellschaft: Auf der einen Seite ist Sexualität existent, auf der anderen Seite ein so großes
Tabu, dass darüber nicht geredet werden darf oder kann –
sodass Frau Bergmann sich mit lächerlichen Verkrampfun-
gen aus einem Aufklärungsgespräch herauswindet (III,5).
Eltern und Lehrer kehren die Moral demonstrativ nach
außen, stehen aber am Ende als die moralischen Versager da:
eine Missproportion zwischen Anspruch und Erfüllung,
wie sie für das Komödiengeschehen typisch ist.

> Obwohl kabaretthafte Überzeichnung und groteske Ele-
> mente für Komik sorgen, vermag die Gattungsbezeich-
> nung »Komödie« für ein Stück, in dem zwei junge Men-
> schen sterben und sich ein dritter beinahe umbringt, aber
> letztlich kaum zu überzeugen. Doch genauso wenig lässt
> sich *Frühlings Erwachen* als reine Tragödie verstehen, da
> sich einige Merkmale dieser Gattung kaum auf den Text
> anwenden lassen.

6. INTERPRETATION   **35**

Schon die Bezeichnung »Kindertragödie« widerspricht der tragischen Fallhöhe, einem in der Renaissance- und Barockpoesie beachteten Prinzip: Der Untergang des Helden wirkt umso erschütternder, je höher sein gesellschaftlicher Rang ist. Mit dem Aufkommen des bürgerlichen Trauerspiels war dieses Verständnis des Tragischen weniger maßgeblich geworden, für *Frühlings Erwachen* ist es belanglos – ebenso wenig, wie man in den Hauptfiguren des Wedekind-Dramas jene Charaktergröße erkennen kann, die von einem tragischen Helden eingefordert wird. Wendla, Melchior und Moritz sind pubertierende Jugendliche, deren Persönlichkeiten noch im Werden begriffen sind und die noch Halt in einer sie abweisenden Gesellschaft suchen.

Kennzeichen des Tragischen

In der moralistischen Auffassung von Tragik ist der Untergang einer Dramengestalt immer mit der Sühne für eine Schuld verknüpft. Wofür büßt Wendla? Dafür, dass sie sich Melchior hingegeben hat? Selbst, wenn man von sehr rigiden Moralvorstellungen ausgeht und diese Frage bejaht, so fehlt ihr jegliches Bewusstsein, überhaupt schuldig geworden zu sein. Sie weiß weder, was sie mit Melchior im Heu getan hat, noch weiß sie um die möglichen Konsequenzen. Wendla stirbt ohne Kenntnis der Zusammenhänge als Opfer, nicht als tragische Heldin.

Tragödien stellen ihre Helden vor ausweglose Konflikte. Einen solchen Konflikt sucht man beim Selbstmord von Moritz vergeblich. Schon zu Beginn des Dramas wird er als latent suizidgefährdet dargestellt; die Mitschüler nehmen seine Drohungen allerdings kaum ernst (I,4; S. 22). Kein Entscheidungsnotstand oder gar ein schicksalhaftes Verhängnis treiben ihn zur Tat, sondern Versagensängste, die ihm von Elternhaus und Schule aufgenötigt werden. Wie im

36 6. INTERPRETATION

Falle Wendlas trägt auch für den Untergang von Moritz die Welt der Erwachsenen die eigentliche Verantwortung.

An der Gestalt Melchiors zeigt sich wohl am deutlichsten, dass es sich bei *Frühlings Erwachen* um keine Tragödie handelt, denn Rettung – und nicht Vernichtung – wartet auf ihn am Schluss. Zunächst sieht es jedoch so aus, als würde er sein Leben als Gescheiterter beenden: Von den Lehrern geächtet, von seinen Eltern abgeschoben, reift in ihm die Absicht, sich umzubringen. Doch erfährt das Stück in der letzten Szene eine entscheidende Wendung: Für Melchior eröffnet sich verheißungsvoll die Perspektive auf ein neues Leben, ganz im Gegensatz zu einem tragischen Helden, der am Schluss vor den Trümmern seiner Existenz steht.

Als Wedekind *Frühlings Erwachen* schrieb, wurde das Tragische nicht mehr so verstanden wie noch einige Jahrzehnte zuvor bei Goethe, Schiller oder Hebbel. Tragik setzt ein fest gefügtes Weltbild voraus – gerade dieses Weltbild war aber im Laufe des 19. Jahrhunderts durch Persönlichkeiten wie Marx, Darwin oder Freud zerstört worden. Der neue Blick auf die Gesellschaft, die Herkunft und die Seele des Menschen unterhöhlte alte Autoritäten und ließ das Wertesystem ins Wanken geraten. Wie kläglich es um diese Werte bestellt ist, zeigen Eltern, Lehrer und Geistlichkeit, also diejenigen, die sie zwar an die Jugend weitergeben sollen, aber nicht danach handeln, weil ihnen eine humane Grundeinstellung fehlt.

Mit einer solchen ethischen Auffassung kann sich ein Leser oder Zuschauer kaum identifizieren. Dadurch entsteht eine Distanz, die allein schon die auf unmittelbare Erschütterung ausgerichtete Wirkung des Tragischen neutralisiert. Tragödie wird somit unmöglich gemacht, was bleibt, ist eine Tragikomödie.

6. INTERPRETATION **37**

Schule als Antithese zum Natürlichen

Wenn Rektor Sonnenstich von einer »Selbstmord-Epidemie« (III,1; S. 53) unter Schülern spricht, so verarbeitet Wedekind damit Eindrücke aus seinem engsten Umkreis, die ihn als Gymnasiasten zutiefst bewegt haben. 1881 fischte man den Leichnam des Primaners Frank Oberlin aus der Aare – ein Jahr nachdem bereits zwei andere Schüler ihrem Leben ein Ende gesetzt hatten. 1885, also bereits nach dem Abitur, brachte sich Moritz Dürr um, ein Freund Wedekinds aus Schultagen.

Doch nicht allein diese Vorfälle waren es, die auf die Entstehung von *Frühlings Erwachen* einwirkten. Schulangst und Schulnöte, die alpdruckhaften Erfahrungen von Jugendlichen auf ihrem Weg zum Erwachsenendasein waren zur Zeit der Jahrhundertwende gängiges Thema der Literatur – im Drama (etwa in Max Halbes *Jugend*, 1893) ebenso wie in der Erzählprosa: in Emil Strauß' *Freund Hein* (1902), Heinrich Manns *Professor Unrat* (1905), Hermann Hesses *Unterm Rad* (1906), Robert Musils *Die Verwirrungen des Zöglings Törleß* (1906) und in vielen anderen Romanen und Erzählungen.

Es ist ein Charakterzug von Wedekinds Werken, dass er sich darin als Anwalt des Ungezwungenen sieht und sich der dogmatischen Verfremdung des Natürlichen widersetzt. So auch in *Frühlings Erwachen*, wo die Schule als die Antithese des Spontanen, des Geschlechtlichen, ja des Lebens schlechthin erscheint. Sie setzt Domestizierung gegen Ursprünglichkeit, von außen Aufgezwungenes gegen das von innen Empfundene, einen von erstarrtem Wissensvorrat aufgeblähten Geist gegen den unterdrückten Körper. Nicht fürs Leben lernt man, sondern fürs Lernen lebt man: »An

38 6. INTERPRETATION

nichts kann man denken, ohne dass einem Arbeiten dazwischenkommen!« (I,2; S. 9).

Der permanente Gedanke ans Schulische artikuliert sich vor allem darin, dass er die Sprache und damit den zwischenmenschlichen Umgang infiltriert. Während die Rede der Lehrer durchsetzt ist von Gestammel, umständlichen Formulierungen und stilistischen Fragwürdigkeiten, durchwuchert das humanistische Bildungsvokabular die Rede der Kinder selbst im Gespräch untereinander. Groteske Übertreibung hier wie dort: Sowohl Pädagogen als auch Schüler finden keine ihnen angemessene Sprache.

Schulzwang und Sprachzwang

> So kann sich Hänschen Rilow vom Bildungswust selbst beim Onanieren nicht freimachen (vgl. II,2; S. 37 ff.): Sein Monolog auf dem Klo gerät zur kunsthistorischen Revue, hie und da gewürzt mit Zitaten aus Shakespeares *Othello* oder Anspielungen auf die klassische und biblische Literatur – insgesamt ein komischer Kontrast zwischen bildungsüberladener Sprache und banaler Situation.

Die unnatürliche und geschraubte Wortwahl wirkt auch der Spontaneität beim Zusammensein von Jungen und Mädchen entgegen: »[I]ch hielte dich für eine Dryade« (I,5; S. 23), begrüßt Melchior Wendla bei ihrer ersten Begegnung, und Moritz zeigt sich eher irritiert vom Gedanken an den noch zu bewältigenden Lehrstoff als von den weiblichen Reizen Ilses: »Ich habe noch die Sassaniden, die Bergpredigt und das Parallelepipedon auf dem Gewissen« (I,7; S. 49). Das Parallelepipedon wird von Ilse später als Grund für den Selbstmord von Moritz genannt (vgl. III,2; S. 60); es steht damit stellvertretend für die schulische Überforderung durch nutzlosen Bildungsballast. So gesehen wählt auch der vermummte Herr eine den Gymnasiasten angemessene

Sprache, wenn er den Begriff der Moral in Form einer Gleichung mit imaginären Größen zu erklären versucht (vgl. III,7; S. 80).

Frühlings Erwachen und Goethes *Faust*

1911 hielt Wedekind anlässlich des 100. Todestags Heinrich von Kleists eine Rede, in der er der Zensur des Wilhelminischen Kaiserreichs vorwarf, mitverantwortlich für ein Klima der Angst und des Duckmäusertums zu sein. Würden die Klassiker im Deutschen Reich leben, so hätten sie – laut Wedekind – ebenfalls ihre Probleme mit der Obrigkeit:

> *Die Sittlichkeit der Klassiker*

»Wenn Kleist [...] heute eine der sittlichen Fragen behandeln wollte, die uns und die Öffentlichkeit täglich beschäftigen, die in sämtlichen Tagesblättern behandelt werden und über die jeder Gymnasiast und jedes Schulmädchen Bescheid weiß, dann hätte er sich auf der Anklagebank wegen Vergehens gegen den Paragraph 184 zu verantworten.«[10]

Dieser Paragraph drohte jenen, die unzüchtige Schriften oder Darstellungen in Umlauf brachten, empfindliche Strafen an. Dass die allseits verehrten Klassiker allerdings auch nicht gerade moralisch keimfrei waren, führte dazu, dass man mit ihnen auf recht zwiespältige Weise umging. Einen Reflex dieser Haltung findet man in der Szene II,1: Einerseits stellte Goethes *Faust* als bürgerliches Bildungsgut eine Konstante im damaligen Schulunterricht dar, andererseits wurde – und wird bis heute – dabei die erotische Seite des Klassikers Goethe unterschlagen. So wünscht die besorgte Frau Gabor, ihr Sohn hätte die Walpurgisnacht-Szene und die darin enthaltenen Zweideutigkeiten lieber nicht gelesen (vgl. S. 31).

40 6. INTERPRETATION

Wedekind holt sich *Faust* jedoch nicht nur als Fallbeispiel für spießbürgerliche Klassikerrezeption, sondern übernimmt aus Goethes Drama gewisse Strukturelemente. Die

| Wendla und Gretchen |

Gretchen-Tragödie aus dem *Faust* ist dabei sowohl Ausgangspunkt eines Gesprächs zwischen Melchior und Moritz über weibliches und männliches Fühlen (II,2; vgl. S. 32 f.) als auch eine Parallele zum Schicksal Wendlas. Beide Mädchen werden schwanger, ohne verheiratet zu sein. Bei Goethe sieht sich die Verzweifelte genötigt, ihr Kind zu töten, was durch den Henker gesühnt werden soll. In *Frühlings Erwachen* soll die Frucht des verbotenen Geschlechtsverkehrs schon vor der Geburt beseitigt werden. Kindsmord besiegelt in beiden Fällen das Schicksal der Verführten, nur dass es in Wedekinds Drama auch die Schwangere selbst ist, die durch eine fahrlässige Entscheidung ihrer Mutter zu Tode kommt. Die Parallelen zwischen den beiden Mädchengestalten gehen aber weiter:

– Beide verarbeiten ihre sexuelle Begegnung in Monologen: bei Goethe in der Szene »Gretchens Stube«, bei Wedekind in der Gartenszene II,6.

– Beide werden von Beschützergestalten aus ihrer Familie dominiert, denen die Ehre über alles geht: Bei Gretchen ist es ihr Bruder Valentin, bei Wendla ihre Mutter.

– Beide Verführer können ihre Schuld nicht bewältigen und kehren zur Verführten zurück: Faust in den Kerker, wo Gretchen auf ihre Hinrichtung wartet, Melchior auf den Friedhof zu Wendlas Grab (III,7).

Eine weitere Parallele zwischen den beiden Theaterstücken findet sich in der Wette zwischen Faust und Mephisto (Szene Studierzimmer II) und der irrealen Schlussszene von *Frühlings Erwachen*, in der die Mächte des Todes und Lebens gegeneinander um Melchior antreten. Obwohl sich später herausstellt, dass der tote Moritz in Wahrheit vom Schauder des Jenseits selbst genug hat, versucht er mit allen Mitteln, seinen Freund zum Tod zu verlocken.

Eine zentrale Rolle spielt dabei die Geste des Handschlags, die Melchiors Entscheidung besiegeln soll. »Gib mir die Hand« – so fordert Moritz Melchior fünfmal auf (S. 75 ff.), doch der bleibt zögerlich. Redensarten um den Begriff der »Hand«, werden variiert oder zitiert. Nicht »im Handumdrehen«, sondern »[i]m Halsumdrehen« (S. 77) würde sich Melchior mit einem Entschluss zum Sterben über die elende Welt erheben: »Du brauchst mir nur den kleinen Finger zu reichen« (S. 77). Auch der vermummte Herr bewegt sich in diesem Bildbezirk, wenn er Melchior etwas Besseres bieten will, als in die »Leichenhand« (S. 78) einzuschlagen:

Handschlag

»Ich führe dich unter Menschen. Ich gebe dir Gelegenheit, deinen Horizont in der fabelhaftesten Weise zu erweitern. Ich mache dich ausnahmslos mit allem bekannt, was die Welt Interessantes bietet« (S. 79).

Ähnlich auch in Goethes Tragödie: Dort ist es Mephisto, der dem lebensüberdrüssigen Faust die Möglichkeit eröffnet, zu neuen Horizonten aufzubrechen, Erfahrungen und Erkenntnisse zu gewinnen. »Ich gratuliere dir zum neuen Lebenslauf«, sagt Mephisto zu Faust am Ende der zweiten Studierzimmer-Szene (V. 2072). In gewissem Sinne hat dieser Satz auch Gültigkeit für Melchior: Denn sowohl für ihn als auch für Faust beginnt an diesen Stellen ein neuer Lebensabschnitt. Doch bleibt Wedekinds Drama an dieser Stelle in seinen Voraussetzungen stecken, denn es endet dort, wo Goethes Drama erst richtig beginnt: Wie Melchior sich in der Welt zurechtfindet, das wird nicht mehr gezeigt.

Frank Wedekind
Foto: Werner Neumeister

7. Autor und Zeit

Kurzbiographie

1864 Benjamin Franklin Wedekind wird am 24. Juli in Hannover geboren.

1872 Übersiedlung der Familie in die Schweiz.

1884 Maturitäts-Examen, danach Studienbeginn.

1887 Bekanntschaft mit naturalistischen Dichtern.

1896 Mitarbeit an der Zeitschrift *Simplicissimus*.

1899 Festungshaft wegen Majestätsbeleidigung (bis März 1900).

1901 Mitglied des neu gegründeten Münchner Kabarettensembles »Elf Scharfrichter«.

1906 Heirat mit Mathilde (Tilly) Newes.

1918 Nach einer misslungenen Bruchoperation Tod in München (9. März).

In den ausgefallenen Biographien seiner Eltern spiegelt sich bereits das, was für Wedekinds Leben charakteristisch werden sollte: die Forderung der bürgerlichen Gesellschaft nach Anpassung und andererseits der Widerstand gegen das, was als Normalität empfunden wurde. Friedrich Wilhelm, sein Vater, arbeitete als Bergwerksarzt im Osmanischen Reich, engagierte sich 1848 als Linksliberaler im Frankfurter Parlament und wanderte 1849 in die USA aus. In San Francisco heiratete er eine um 24 Jahre jüngere Frau, die Sängerin und Schauspielerin Emilie Kammerer. Den Namen ihres Vaters – Heinrich Kammerer, Erfinder der Phosphorstreichhölzer – wählte sich Wedekind später zum Pseudonym bei seinen Auftrit-

Elternhaus

44 7. AUTOR UND ZEIT

ten. 1864 kehrten Emilie und Frank Wedekind als amerikanische Staatsbürger nach Deutschland zurück. Ihren zweiten Sohn, der am 24. Juli 1864 in Hannover zur Welt kam, nannten sie Benjamin Franklin Wedekind – als Bekenntnis zur demokratischen Tradition ihrer zweiten Heimat Amerika.

Im Herbst 1872 übersiedelte die Familie in die Schweiz, wo der Vater im Kanton Aargau eine Burg erworben hatte.

Jugendjahre

Nach dem Schulabschluss 1884 begann Wedekind auf väterlichen Wunsch ein Studium in Lausanne, später in München, doch erwiesen sich Theater, Literatur und die Boheme für den Zwanzigjährigen als der stärkere Magnet. Das führte schließlich zum Zerwürfnis mit dem Vater, der für die künstlerischen Ambitionen seines Sprösslings wenig Verständnis aufbringen konnte.

Von November 1886 an arbeitete Wedekind einige Monate im Reklame- und Pressbureau der neu gegründeten Firma Maggi. Zu den Werbetexten, mit denen er die Speisewürze bedichtete, schrieb der Firmenchef zuweilen recht gönnerhaft anmutende Kommentare: »Recht gut!«, »Ziemlich ordentlich!«, »Recht hübsch im Anfang!« oder »Geht an«. Wedekind fühlte sich in dieser Position nicht sehr wohl und begann 1887, für die *Neue Zürcher Zeitung* Feuilletons zu schreiben.

Für Weihnachten 1887 plante Wedekinds Mutter, das Verhältnis zwischen Sohn und Vater wieder zu normalisieren, doch das Vorhaben scheiterte. Wedekind berichtete in Zürich seinem Dichterfreund Gerhart Hauptmann darüber. Dieser gestaltete den Familienzwist umgehend als naturalistisches Drama (*Ein Friedensfest*), was zum Bruch zwischen den beiden führte.

7. AUTOR UND ZEIT   45

Am 11. Oktober 1888 starb Wedekinds Vater, nachdem es kurz zuvor doch noch zu einer Versöhnung gekommen war. 1891 wurde dem Sohn das Erbteil von 20 000 Franken zugesprochen, was ungefähr dem zwanzigfachen Jahreslohn eines Fabrikarbeiters entsprach. Wedekind brauchte nur drei Jahre, um es durchzubringen: in Berlin, München, Paris und London; im Zirkus, im Varieté, im Theater. Kurzfristig gab ihm das Erbe die Möglichkeit, allen Vergnügungen und künstlerischen Neigungen nachzugehen.

1896 wurde Wedekind auf Betreiben Albert Langens Mitarbeiter der im selben Jahr gegründeten satirischen Wochenzeitschrift *Simplicissimus*. Für sie arbeiteten bedeutende Literaten, darunter Heinrich und Thomas Mann, Ludwig Thoma, Jakob Wassermann. Im Oktober 1898 kam es zu einem

> *Mitarbeiter beim* Simplicissimus

Skandal, der die Auflage der Zeitschrift emporschnellen ließ, für Wedekind allerdings verhängnisvolle Folgen hatte: Seine Gedichte *Meerfahrt* und *Im Heiligen Land*, die die pompöse Palästinareise des prunksüchtigen Monarchen Wilhelm II. verspotteten, handelten ihm eine strafrechtliche Verfolgung ein. Sein Illustrator Thomas Theodor Heine wurde verhaftet, der Verleger Langen setzte sich nach Paris ab, der Dichter selbst floh über Tirol in die Schweiz. Damit schien die Chance, sich in der Münchner Theaterszene zu etablieren, vorerst verspielt zu sein: Er verlor seine Dramaturgenstelle am Schauspielhaus und geriet in noch größere finanzielle Abhängigkeit von Langen.

Im Juni 1899 kehrte Wedekind nach Deutschland zurück, stellte sich den sächsischen Behörden und wurde der Majestätsbeleidigung für schuldig gesprochen. Vor Ende der siebenmonatigen Haft auf der Festung Königstein erfolgte seine Begnadigung.

46 7. AUTOR UND ZEIT

Um die Jahrhundertwende wurden in Deutschland die ersten Kabaretts gegründet. Eines der bekanntesten waren die »Elf Scharfrichter« in München – nicht zuletzt wegen Wedekind, der dem Ensemble 1901 beitrat. Seine von ihm selbst zur Laute vorgetragenen Gedichte im Bänkelsängerton – z.B. *Ilse*, *Brigitte B.*, *Die sieben Heller* oder *Der Tantenmörder* – inspirierten den jungen Bertolt Brecht.

Arbeiten fürs Kabarett

Mit dem mangelnden Verständnis der Schauspieler für seine Stücke versuchte Wedekind so manchen Bühnenmisserfolg zu erklären. Die realistische und naturalistische Rollenauffassung erschien ihm dabei als nicht adäquat. Indem er selbst in seinen Dramen auftrat, wollte er seine Vorstellungen verwirklichen. Sein Debüt hatte er 1898 als Dr. Schön in *Der Erdgeist*, bis wenige Monate vor seinem Tod war er in eigenen Rollen zu sehen. In *Frühlings Erwachen* übernahm er den Part des vermummten Herrn.

Als Darsteller blieb Wedekind Amateur. Über seine schauspielerischen Fähigkeiten gehen die Meinungen auseinander: Während der Schriftsteller Erich Mühsam 1910 in der »Schaubühne« Wedekind eine »ausgezeichnete Sprechtechnik und ungezwungene Sicherheit seiner Bewegungen« einräumte, bemerkte der zwanzigjährige Brecht in seinem Nachruf auf den Dichter in dessen Spiel mangelnde Fähigkeit zur Verstellung und Textunsicherheiten, gestand aber gleichzeitig: »Nie hat mich ein Sänger so begeistert und erschüttert.«

Wedekind als Schauspieler

1914, zu seinem fünfzigsten Geburtstag, hatte sich Wedekinds Jugendtraum erfüllt: Die Kunst war ihm zum Beruf geworden, er hatte sich – trotz vieler Anfeindungen – als Büh-

Erfolge und Krisen

nendichter etabliert, war wohlhabend geworden und von der Kritik respektiert. Doch fielen gleich mehrere Schatten auf dieses äußerliche Glück: Mit Ausbruch des Ersten Weltkriegs erinnerte man sich wieder der Aufmüpfigkeit Wedekinds und ließ seine Stücke vorübergehend von der Bühne verschwinden – als ob sie nicht genug »deutsche Tugenden« repräsentierten. Dazu kamen private Krisen: 1906 hatte der Dichter die um 21 Jahre jüngere Schauspielerin Tilly Newes geheiratet, mit der er auch gemeinsam auf der Bühne auftrat. Eheliche Zwistigkeiten gipfelten schließlich 1917 in einem Selbstmordversuch Tillys – zu einer Zeit, in der sich Wedekinds gesundheitliche Verfassung dramatisch verschlechterte. Im Dezember 1914 hatten ihn Blinddarmbeschwerden zu plagen begonnen, die zu zwei operativen Eingriffen führten. Komplikationen machten 1917 und 1918 zwei Bruchoperationen notwendig, an deren Folgen Wedekind am 9. März 1918 starb. Unter großer Anteilnahme wurde er drei Tage später auf dem Münchner Waldfriedhof bestattet.

Wedekinds Leben war ein beständiger Kampf gewesen: Als Künstler sah er sich dem Widerstand gegen einengende Konventionen und Lebensentwürfe verpflichtet; indem er Zirkus und Kabarett literaturreif machte, schrieb er gegen bürgerliche Kunstvorstellungen an. Mit zeitgenössischen Literaturströmungen wie Naturalismus oder Impressionismus wollte er nichts zu tun haben. Sein Umgang mit der herrschenden Sexualmoral forderte die Tugendwächter heraus und machte ihn wie keinen anderen Dichter des Wilhelminischen Deutschland zum Dauerfall für die Zensur.

Zusammen mit Brecht gilt Wedekind als einer der Wegbereiter des modernen Theaters. Anders als Brecht hat sich Wedekind aber nur mit einem schmalen Ausschnitt seines

48 7. AUTOR UND ZEIT

> Position in
> der Literatur-
> geschichte

Œuvres im literarischen Bewusstsein der
Nachwelt behaupten können: mit *Frühlings
Erwachen*, den *Lulu*-Dramen, dem *Marquis
von Keith* und einigen Kabarettliedern.

Werktabelle

1889[11]*Der Schnellmaler*. Wedekinds dramatischer Erstling,
eine Posse voller Situationskomik.

1891 *Kinder und Narren* (Neufassung 1897: *Die junge
Welt*). Lustspiel, in dem Wedekind u. a. ein Selbstpor-
trät als Reklamedichter liefert.
Frühlings Erwachen (Uraufführung 1906).

1895 *Der Erdgeist* (später: *Erdgeist*). Wedekind bringt in
seinem ersten aufgeführten Drama (1898) den in der
damaligen Literatur sehr gängigen Frauentypus der
dämonischen Verführerin auf die Bühne. Doch Lulu
ist mehr als bloße Femme fatale, sie ist die personifi-
zierte Triebhaftigkeit: eine Frau, die über eine natür-
liche Auffassung von Sexualität verfügt, ihrer Lust
freien Lauf lässt und dadurch mit der Moral und den
Ansprüchen der bürgerlichen Gesellschaft kollidiert.
Das Geschehen ist voll schauriger Komik, teilweise
grell überzeichnet: Den Männern, mit denen sie liiert
ist, dient Lulu nur als Projektionsfläche ihrer Erwartungen. Diesen Wunschbildern wird Lulu nie ge-
recht, was dazu führt, dass ihre Partner der Reihe
nach an ihr zugrunde gehen.

1897 *Die Fürstin Russalka*. Sammlung von Novellen, Ge-
dichten, Pantomimen.

1899 *Der Liebestrank* (später auch: *Fritz Schwigerling*).
Schwank um einen ehemaligen Zirkusreiter.

7. AUTOR UND ZEIT   49

Der Kammersänger. Einer der größten Erfolge des Dichters, nicht zuletzt wegen der effektvollen Rolle des Bühnenstars Gerardo.

1901 *Der Marquis von Keith.* Das tragikomische Geschehen entfaltet sich um eine Hochstaplerfigur, die dem Maler und Kunstfälscher Willy Grétor nachgebildet ist, einem Bekannten und Förderer Wedekinds aus dessen Pariser Zeit. Der Marquis ist ein Außenseiter, der sich in der Gesellschaft zu integrieren versucht, jedoch in doppeltem Sinne scheitert. Als Geschäftsmann bleibt er erfolglos, als sein Schwindelunternehmen – die »Feenpalast AG« – wie eine Seifenblase platzt. Dieses Projekt hätte seiner Geliebten, der Gräfin Werdenfels, ein Forum für ihre künstlerische Entfaltung schaffen sollen. Mit deren Person verbindet sich der private Misserfolg des Marquis: Der reiche Großkaufmann Casimir erscheint der Gräfin letztlich begehrenswerter als der gescheiterte Spekulant. Die bürgerlich-biedere Molly, die Lebensgefährtin des Marquis, ertränkt sich; sein Freund Ernst Scholz, den er vom Moralisten zum Genussmenschen umerziehen möchte, begibt sich freiwillig in die Obhut einer Heilanstalt. Der Schluss rekapituliert das alte Komödienmotiv des betrogenen Betrügers: Nach bürgerlichem Ehrenkodex müsste der Marquis eigentlich den Freitod wählen, er entschließt sich aber zu einem Neubeginn. Wedekind hielt dieses Drama vom Abstieg eines Aufsteigers für sein bestes Bühnenwerk.

1902 *So ist das Leben* (später auch: *König Nicolo*). Die Weltordnung ist in diesem Drama auf den Kopf gestellt: Der entthronte König von Umbrien verdingt sich als Bettler, Schneidergeselle, Komiker, schließlich als Hofnarr des neuen Königs, eines ehemaligen Schlächters. Schon Zeitgenossen glaubten in dem von allen verkannten Herrscher den verkannten Dichter Wedekind zu erkennen.

1903 *Mine-Haha oder Über die körperliche Erziehung der jungen Mädchen.* Romanfragment mit einer ähnlichen Tendenz wie *Frühlings Erwachen*: Kritisiert wird eine weltfremde Erziehung, die den heranwachsenden Mädchen das Wissen über ihren eigenen Körper verweigert.

1904 *Die Büchse der Pandora.* Die Fortsetzung zum Drama *Erdgeist*, mit diesem zusammengefasst zum Fünfakter *Lulu* (1913; unvollendete Oper von Alban Berg 1937). Die beiden Dramen wurden von den Zeitgenossen als Perversion und Schund verunglimpft und mobilisierten Polizei und Zensur. Die ursprüngliche, provokantere Fassung des Gesamtdramas, bereits 1892 bis 1894 in Paris und London entstanden und von Wedekind unterdrückt, wurde erst 1988 veröffentlicht. – *Die Büchse der Pandora* zeigt Lulus Abstieg zur Hure. Hat sie als männermordender Vamp früher ganze Existenzen ruiniert, so wird sie jetzt selbst zum Opfer eines Lustmörders, nämlich von Jack the Ripper. Wie in *Frühlings Erwachen* ist auch hier der Schluss bewusst als Bruch gestaltet: Das Groteske verkehrt sich ins Tragische, das Unwahrscheinliche wird auf die Spitze getrieben.

Hidalla oder Sein und Haben (später auch: *Karl Hetmann, der Zwergriese*). Die männliche Hauptfigur ist jene seiner Bühnenrollen, die der Schauspieler Wedekind am häufigsten dargestellt hat.

1907 *Musik.* Als Karikatur angelegtes »Sittengemälde in vier Bildern« über eine Musikschülerin, die von ihrem Professor zweimal verführt wird und daran zugrunde geht. Da das Stück einen tatsächlichen Skandal aus der Münchner Gesellschaft behandelte, fand aus Rücksicht darauf die Uraufführung 1908 in Nürnberg statt.

1908 *Oaha.* Bitteres satirisches Schlüsselstück über Skrupellosigkeit und Geldgier. In den darin auftretenden Karikaturen sollten sich der Verleger Albert Langen und die Mitarbeiter der Zeitschrift *Simplicissimus* wiedererkennen. Wedekind hat das Werk überarbeitet und unter dem Titel *Till Eulenspiegel* 1916 neu veröffentlicht.

1910 *Schloss Wetterstein.* Trilogie über Liebe, Ehe, Familie und Prostitution; im Deutschen Reich und in Österreich bis 1919 verboten.

1912 *Franziska.* Die Titelfigur, ein weiblicher Faust, durchläuft die unterschiedlichsten gesellschaftlichen Rollen und endet schließlich in einer Familienidylle – eine sarkastische Pointe des Autors.

1916 *Bismarck.* 1915 beging man den hundertsten Geburtstag des Reichskanzlers; in diesem Kontext ist auch Wedekinds Geschichtsdrama zu sehen, das an die dokumentarische Verfahrensweise von Büchners Tragödie *Dantons Tod* (1835) anknüpft. Im Brennpunkt steht das Hegemoniestreben Preußens 1864–1866 und der Konflikt mit dem Habsburgerreich. Aus Rücksicht auf den damaligen Kriegsverbündeten Österreich unterblieb eine Aufführung.

1917 *Herakles.* Versdrama, das den antiken Mythos mit der damals aktuellen Kriegsthematik verbindet.

8. Rezeption

Mit der Arbeit an *Frühlings Erwachen* begann Wedekind im Oktober 1890. Die ersten drei Szenen soll er – nach eigener Aussage – noch ohne Plan verfertigt haben; das Gesamtkonzept entwickelte sich erst später. Ostern 1891 war das Stück fertiggestellt, und Wedekind übersandte das Manuskript dem deutschen Verlag Schabelitz, der bereits 1886 sein Erstlingsdrama *Der Schnellmaler* veröffentlicht hatte. Schabelitz scheute jedoch das Risiko der Publikation aus Angst vor strafrechtlicher Verfolgung und retournierte das Werk. So ließ Wedekind das Drama auf eigene Kosten beim Zürcher Verlag Jean Groß in Druck geben.

Da das Buch ungenügend beworben wurde, verkaufte es sich zunächst recht zäh: 1894 erschien die zweite, erst 1903 die dritte Auflage. Um den Verkauf zu fördern, bemühte sich Wedekind um öffentliche Rezitationen und sandte Ausschnitte zu Werbezwecken an verschiedene Zeitungen, mit der Bitte, sie als Leseprobe abzudrucken. Erst der sensationelle Erfolg der Uraufführung am 20. November 1906 an den Kammerspielen des Deutschen Theaters in Berlin sorgte dafür, dass das Interesse an dem Stück plötzlich neu entfacht wurde.

Uraufführung Berlin 1906. Inszenierung: Max Reinhardt

Die Wiener Uraufführung der *Büchse der Pandora* (1905) hatte das Augenmerk des Regisseurs Max Reinhardt auf Wedekind gelenkt. Seine Inszenierung von *Frühlings Erwachen* leitete eine enge künstlerische Zusammenarbeit zwischen den beiden ein. Allerdings bekam das Publikum in den ersten sechs Jahren der Aufführungsgeschichte von *Frühlings Erwachen* eine von den Zensurbehörden stark bereinigte

Version zu sehen: Szenen wurden geändert (I,5, II,4) oder gekürzt (I,2, I,3, II,1, II,7), die sexuellen Vokabeln getilgt. Die Masturbationsszenen auf der Toilette (II,3) und in der Korrektionsanstalt (III,4) fanden ihren Weg ebenso wenig auf die Bühne wie die homoerotisch grundierte Weinbergszene (III,6) – bezeichnenderweise alles Darstellungen einer Sexualität, die sich unter dem Eindruck des von der Erziehung geforderten Triebverzichts jenseits der von der Gesellschaft geduldeten Norm entwickelt. Das Zensurexemplar wurde damaligen literarischen Autoritäten Berlins zur Prüfung vorgelegt; sie befanden das Werk nicht nur für sittlich unbedenklich, sondern rühmten es darüber hinaus als künstlerisch bedeutsam.

Alfred Kerr, der bedeutendste Berliner Kritiker, erkannte zwar die Qualitäten von *Frühlings Erwachen*, bemängelte aber das Moritatenhafte an Max Reinhardts Inszenierung. Ebenso missbilligte er die zahlreichen Kürzungen – ganz im Gegensatz zu anderen Kritikern, die die Eingriffe der Zensur als Straffung des Stücks verstanden und dadurch dessen poetische Qualitäten plastischer herausmodelliert sahen. Dem Autor Wedekind war Kerr jedenfalls gewogener als dem Schauspieler Wedekind: In dessen mephistophelisch anmutender Darstellung des vermummten Herrn ortete er eine »Neigung nach dem Stadttheater-Intriganten«.

1908 trat Wedekind neuerlich als vermummter Herr unter der Regie von Wolfgang Quinke in der Wiener Erstaufführung von *Frühlings Erwachen* am Deutschen Volkstheater auf. Aus dieser Zeit datiert auch das berühmte Foto, das ihn in dieser Rolle zeigt – mit Zylinder und Vatermörder als bürgerlichen Attributen, die Augen jedoch von einer schwarzen Larve verdeckt.

Erstaufführung Wien 1908. Regie: Wolfgang Quinke

54 8. REZEPTION

Das Theater war überfüllt, der Skandal blieb jedoch aus. Eine der Vorstellungen wurde vom damals neunzehnjährigen Hitler besucht, den die freizügige Thematik sichtlich irritierte.[12] Im Allgemeinen war die Aufnahme des Dramas durch die Wiener aber sehr positiv. Das *Neue Wiener Journal* schrieb am 10. Mai, einen Tag nach der Premiere, enthusiastisch von »eine[r] der größten Dichtungen, neben der so vieles, was wir bisher als hochachtenswert, ja bedeutend anerkannt, in Abgrundtiefen niedersinkt«. Besondere Beachtung fand Wedekinds darstellerische Leistung: Das *Neue Wiener Tagblatt* rühmte – ebenfalls am 10. Mai – »seine rührende, herzbewegende Stimme«, und in der *Neuen Freien Presse* hieß es: »Er schien die Gestalt, die er spielte, auch zu verstehen, was man von Dichtern, die in ihren eigenen Stücken mitwirken, nicht immer behaupten kann.«

In seiner Zeitschrift *Die Fackel* druckte Karl Kraus in der Nummer vom 22. Mai 1908 ein zwölfstrophiges Gedicht ab, das ihm der spätere österreichische Novellist und Essayist Oskar Jellinek – damals Jurastudent von 22 Jahren – übersandt hatte. Darin wurde *Frühlings Erwachen* als einfühlsame Darstellung jugendlicher Nöte und Ängste gefeiert. Jellinek sprach das aus, was viele seiner Zeitgenossen angesichts des Stückes empfanden: nämlich Erleichterung darüber, dass jemand mit der Thematisierung jugendlicher Sexualität eine bislang totgeschwiegene Grunderfahrung des Menschen zur Sprache gebracht hatte:

> »Und nun kamst *Du!* Mit dichterstarken Händen
> Rissest die Lügenhülle Du herab,
> Um den Erwachenden den Trost zu spenden,
> Den niemals so noch ein Erwachter gab.«

8. REZEPTION   55

In der folgenden Zeit etablierte sich der Ruf von *Frühlings Erwachen* als der eines Skandalstücks – was auch dessen Verkauf förderte: 1908 ging der einstige Ladenhüter bereits in die 22. Auflage. Im selben Jahr wurde eine Aufführung in München verboten, 1910 eine in Königsberg. Noch 1917 sorgte die amerikanische Uraufführung von *The Awakening of Spring* für breite Ablehnung – und das trotz der Tatsache, dass angesichts des in den USA waltenden puritanischen Geistes eine medizinische Zeitschrift die Patronanz übernommen hatte: mit dem Ziel, das Stück als Beitrag zur Volksaufklärung verstanden zu wissen.

Am 29. Februar 1912 hob das Preußische Oberverwaltungsgericht das Aufführungsverbot auf: eine Entscheidung, die angesichts des konservativen wilhelminischen Zeitgeists von Mut zeugte. In der Begründung des Urteils – die Wedekind später der gedruckten Bühnenfassung voranstellte – hieß es, dass das Werk die Schaubühne keineswegs zur unsittlichen Anstalt degradiere, indem es das Publikum zu Anstößigkeiten anrege, sondern dass die dargestellten menschlichen Schicksale durchaus Mitleid erweckten. Damit beriefen sich die verantwortlichen Juristen auf einen Punkt, der in der Poetik des Dramas seit der Antike als eines der Grundziele und Grundmerkmale der Tragödie galt.

> *Aufhebung des Aufführungsverbots 1912*

So war dem Stück der weitere Weg gebahnt: Am Dresdener Alberttheater wurde es 1924 erstmals in unveränderter Fassung gegeben, 1928 fand es in der Textbearbeitung und Vertonung von Max Ettinger den Weg auf die Opernbühne. Zahlreiche weitere Inszenierungen sowie die Aufnahme in den Kanon der Schullektüre haben den Literaturskandal von einst zu einem Klassiker der Moderne werden lassen.

9. Checkliste

Die Seitenangaben beziehen sich auf den Lektüreschlüssel.

1. **Dramatische Gattung** offenes Drama: S. 25ff. Komödie: S. 34 Tragödie: S. 35f., S. 55 (Begründung bei Aufhebung des Aufführungsverbots).
2. **Sprache** Sprache der Schüler: S. 38f. Sprache der Lehrer: S. 38 Einbau authentischer Gesprächspassagen: S. 20 Gestik und Sprache – Beispiel Handschlag (III,7): S. 41.
3. **Gegenüberstellung der Charaktere von Melchior und Moritz** Melchior: S. 15 Moritz: S. 16 Frage nach dem »Helden« des Stücks: S. 25 Charakterisieren Sie die Familien, in denen die beiden Jugendlichen jeweils leben (vgl. dazu besonders die Szenen II,1, III,2 und III,3).
4. **Verhältnis Eltern – Kinder** Wendla – Mutter: S. 15, S. 19 – Abtreibung: S. 32f., S. 40 Melchior – Eltern: S. 19f., S. 39 (*Faust*-Lektüre) Moritz – Vater: S. 20f. Kein Ausgestalten des Generationenkonflikts: S. 22 Verhältnis Wedekinds zu seinem Vater: S. 44f. Vgl. auch Übersicht S. 18.
5. **Die Lehrersatire in *Frühlings Erwachen*** Vgl. dazu besonders die Szenen III,1 und III,2 sowie deren Inhaltsangaben auf S. 11f. Charakterisierung des Professorenkollegiums: S. 21 Komik: S. 34 Sprache: S. 38f. Inwiefern wird auch die Korrektionsanstalt (III,4) als Institution dargestellt, deren erzieherisches Wirken fragwürdig ist?
6. **Schulangst in *Frühlings Erwachen*** Schulstress als allgemeines Phänomen: vgl. die Szenen I,2 und II,2 Mo-

9. CHECKLISTE 57

ritz und der Schulstress: vgl. I,4, II,1, seinen Selbstmord in II,7 sowie Frau Gabors Antwortschreiben auf seinen Brief (II,5; vgl. S. 20)   Leistungsdruck durch das Elternhaus: S. 14, S. 19; vgl. auch Übersicht S. 18   Schulangst als Thema der zeitgenössischen Literatur: S. 37.

7. **Die Funktion der Schlussszene (III,7)**   Inhaltsangabe: S. 13 f.   Der vermummte Herr – Deutungsmöglichkeiten: S. 23 – Wesensverwandtschaft mit Ilse: S. 23 f. – Sprache: S. 38 f. – Wedekinds schauspielerische Darstellung: S. 53 f.   Problematik des Tragödienschlusses: S. 36   Parallelen zu Goethes *Faust*: S. 41   Inwiefern markiert die Schlussszene einen Bruch innerhalb des Dramas?

8. **Klassische Anspielungen in *Frühlings Erwachen*** Shakespeare: *Hamlet*: S. 16   Shakespeare: *Othello*: S. 38   Goethe: *Faust* – allgemeiner Überblick: S. 39 ff. – speziell zur Gretchentragödie: S. 40; zum Vorverweis in II,1 vgl. S. 10.   Zu weiteren Anspielungen (insbesondere auf Büchner und Heine; weiter zu den Ähnlichkeiten zwischen der *Faust*-Szene »Trüber Tag. Feld« und III,3) vgl. *Erläuterungen und Dokumente* (siehe auch Abschnitt 10. Lektüretipps), S. 61 ff.

9. **Tabubrüche in *Frühlings Erwachen*** Tabuisierung der Sexualität im Kaiserreich: S. 31 f., S. 34   Sexualität des Kindes im Allgemeinen: S. 17   Formen – Geschlechtsverkehr (vgl. II,4): S. 17, S. 19 f., S. 23 (Moritz), S. 27 – Masturbation (vgl. II,3, III,4): S. 16, S. 27 – Homoerotik (vgl. III,6): S. 16 – Sadomasochismus (vgl. I,3, I,5): S. 17.

10. **Wedekind als Skandalautor**   Biographische Voraussetzungen – antibürgerliche Ausrichtung: S. 47 – unangepasstes Elternhaus: S. 43 f.   Werke – Skandal beim

Simplicissimus: S. 45 – *Lulu*-Dramen: S. 48, S. 50 – Skandale um weitere Dramen (*Musik, Schloss Wetterstein, Bismarck*): S. 51.

11. **Frühlings Erwachen als Skandalstück** Wirkung allgemein: S. 5 f. Buchausgabe – Wecken falscher Erwartungen durch die Titelillustration: S. 5, S. 7 – Angst des Verlegers: S. 52 Aufführungsgeschichte – Eingriffe der Zensur: S. 52 f. – Ruf eines Skandalstücks: S. 55.

12. **Wedekind und Brecht** Einfluss der Bänkellieder Wedekinds auf Brecht: S. 46 Urteil Brechts über den Schauspieler Wedekind: S. 46 Nachleben/Vergleich: S. 47 f.

13. **Antinaturalistische Elemente** Unangemessenheit der Sprache: S. 38 f. Figur des vermummten Herrn: S. 22 ff. Monologe – Vergleich der Szenen II,7 und III,7: S. 24 Position Wedekinds in der Literaturgeschichte: S. 47.

10. Lektüretipps

Autor und Gesamtwerk

Hay, Gerhard: Frank Wedekind. In: Deutsche Dichter. Leben und Werk deutschsprachiger Autoren. Hrsg. von Gunter Grimm und Frank Rainer Max. Bd. 6: Realismus, Naturalismus, Jugendstil. Stuttgart 1989. S. 385–401. – *Knappe Übersicht über Leben und Werk des Dichters.*

Irmer, Hans-Jochen: Der Theaterdichter Frank Wedekind. Werk und Wirkung. Berlin 1975. – *Ein Beitrag aus der Sicht der DDR-Theaterwissenschaft.*

Kieser, Rolf: Benjamin Franklin Wedekind. Biographie einer Jugend. Zürich 1990. – *Erschließt die Zeit bis zum Druck von »Frühlings Erwachen« und verarbeitet bislang unbekanntes Quellenmaterial.*

Kieser, Rolf / Hartmut Vinçon (Hrsg.): Frank Wedekinds Maggi-Zeit. Reklamen/Reiseberichte/Briefe. Darmstadt 1992. (Pharus. IV.) – *Versammelt Verschollenes und Kurioses aus den literarischen Anfangsjahren Wedekinds.*

Kutscher, Artur: Frank Wedekind. Sein Leben und seine Werke. 3 Bde. München 1922–31. Neuausg. hrsg. von Karl Ude. München 1964. – *Grundstein der biographischen Wedekind-Forschung. Dem Autor, einem Freund des Dichters, stand für sein Werk dessen Nachlass zur Verfügung.*

Seehaus, Günter: Frank Wedekind. Reinbek bei Hamburg ⁶1993. (rowohlts monographien. 213.) – *Anspruchsvoll und dennoch gut lesbar, kritisch und informativ, Leben und Werk des Dichters gleichermaßen kenntnisreich behandelnd. Mit vielen Abbildungen.*

60 10. LEKTÜRETIPPS

Vinçon, Hartmut: Frank Wedekind. Stuttgart 1987. (Sammlung Metzler. 230.) – *Richtet sich in erster Linie an ein universitäres Lesepublikum. Viele Literaturhinweise. Über »Frühlings Erwachen«: S. 174–185.*

Völker, Klaus: Frank Wedekind. Velber 1965. – *Biographischer Abriss, knappe Deutungen, Bildteil. Über »Frühlings Erwachen«: S. 26–29.*

Epoche

Lehnert, Herbert: Geschichte der deutschen Literatur vom Jugendstil zum Expressionismus. Stuttgart 1978. (Geschichte der deutschen Literatur von den Anfängen bis zur Gegenwart. 5.) – *Gibt auf 1100 Seiten eine detaillierte Darstellung über Zeit und Zeitgenossen Wedekinds. Über »Frühlings Erwachen«: S. 13 f.*

Leiß, Ingo / Hermann Stadler: Wege in die Moderne 1890–1918. München 1997. (Deutsche Literaturgeschichte. 8.) – *Schülergerechte Aufarbeitung der literarischen Epoche in zahlreichen Einzelinterpretationen. Auf S. 246–253 findet sich eine kurze Besprechung von »Frühlings Erwachen«.*

Stürmer, Michael: Das ruhelose Reich. Deutschland 1866–1918. Berlin ⁴1994. (Siedler Deutsche Geschichte. 9; Paperbackausgabe 1998.) – *Fundierter Grundriss der Epoche, der nicht nur die politische Geschichte berücksichtigt, sondern auch Wirtschaft, Alltag und kulturelles Leben. Mit vielen Illustrationen, Statistiken und Diagrammen.*

Trommler, Frank (Hrsg.): Jahrhundertwende: Vom Naturalismus zum Expressionismus 1880–1918. Reinbek bei Hamburg 1982. (Deutsche Literatur. Eine Sozialgeschichte. 8.) – *Zahlreiche Einzeldarstellungen geben einen Einblick in den sozial- und geistesgeschichtlichen Hintergrund, erörtern die literarische Öffentlichkeit und die wichtigsten Strömungen.*

Frühlings Erwachen

Textausgabe

Frank Wedekind: Frühlings Erwachen. Eine Kindertragödie. Anm. von Hans Wagener. Nachw. von Georg Hensel. Stuttgart: Reclam, 2000. (Universal-Bibliothek. 7951.) – *Reformierte Rechtschreibung. Nach dieser Ausgabe wird zitiert.*

Sekundärliteratur

Florack, Ruth: Frank Wedekind: *Frühlings Erwachen.* In: Dramen des 19. Jahrhunderts. Interpretationen. Stuttgart 1997. S. 329–345. – *Die knappe Deutung ordnet Wedekinds Kindertragödie in das historische und literarische Umfeld ein und erörtert in der Folge intertextuelle Bezüge, Leitmotivik und dramatische Technik.*

Klotz, Volker: Geschlossene und offene Form im Drama. München 1969. (Literatur als Kunst. 6.) – *Ein Klassiker der Dramenanalyse;* »Frühlings Erwachen« *wird dabei mit anderen Beispielen des offenen Dramas verglichen.*

Meier, Mischa: Frank Wedekind: *Frühlings Erwachen.* Eine Kindertragödie? In: Zeitschrift für Literaturwissenschaft und Linguistik 28 (1998) S. 94–109. – *Ein Aufsatz, der das schulische und erzieherische Umfeld zu Wedekinds Zeit umreißt, darüber hinaus aber auf die psychologische und*

62 10. LEKTÜRETIPPS

ästhetische – vor allem rezeptionsästhetische – Dimension des Textes verweist.

Pickerodt, Gerhart: Frank Wedekind: *Frühlings Erwachen*. Frankfurt a. M. ⁴1998. (Grundlagen und Gedanken: Drama. 6068.) – *Das Buch gibt u. a. einen Überblick über die verschiedenen Interpretationsrichtungen und versammelt einige Originalquellen zur Bühnengeschichte.*

Spittler, Horst: Frank Wedekind: *Frühlings Erwachen*. München 1999. (Oldenbourg Interpretationen. 94.) – *In erster Linie für Lehrkräfte gedacht, denen ein eigener Abschnitt didaktische Anregungen gibt.*

Wagener, Hans: Erläuterungen und Dokumente: Frank Wedekind: *Frühlings Erwachen*. Stuttgart ²1996. – *Genaue Wort- und Sacherklärungen liefern wichtige Verständnishilfen; darüber hinaus erschließt der Band in zahlreichen Originalquellen das literarische Umfeld des Dramas, insbesondere die Entstehungs- und Wirkungsgeschichte.*

Anmerkungen

1 Frank Wedekind, *Oaha. Vorrede*, in: F. W., *Kritische Studienausgabe*, hrsg. von Elke Austermühl, Rolf Kieser und Hartmut Vinçon, 8 Bde., Bd. 2, Darmstadt 2000, S. 807.

2 Brief an Fritz Basil (3. Januar 1907), in: Frank Wedekind, *Gesammelte Briefe*, hrsg. von Fritz Strich, 2 Bde., Bd. 2, München 1924, S. 170f.

3 Alfred Kerr, *Frank Wedekind, Frühlings Erwachen*, in: A. K., *Werke in Einzelbänden*, hrsg. von Hermann Haarmann und Günther Rühle, Bd. 7: *»Ich sage, was zu sagen ist«. Theaterkritiken 1893–1919*, Frankfurt a. M. 1988, S. 300–304, S. 303.

4 Vgl. Tilly Wedekind, *Lulu. Die Rolle meines Lebens*, München 1969, S. 91.

5 Ludwig Thoma, *Leute, die ich kannte,* in: L. Th., *Gesammelte Werke in sechs Bänden*, Bd. 1: *Autobiographisches. Ausgewählte Aufsätze*, München ²1974, S. 237–292, S. 278.

6 Eduard Fuchs, *Illustrierte Sittengeschichte*, 6 Bde., Bd. 5: *Das bürgerliche Zeitalter*, Teil I, ausgew. und eingel. von Thomas Huonker, Frankfurt a. M. 1985, S. 90.

7 Karl von Raumer, *Die Erziehung der Mädchen*, Neudruck der Ausgabe Stuttgart 1853. Mit Einl. von Ruth Bleckwenn, Paderborn 1988 (Quellen und Schriften zur Geschichte der Frauenbildung, 1), S. 68f.

8 Eduard Seidler, »Das 19. Jahrhundert. Zur Vorgeschichte des Paragraphen 218«, in: *Geschichte der Abtreibung. Von der Antike bis zur Gegenwart*, hrsg. von Robert Jütte, München 1993, S. 120–139, S. 132.

9 Josef Schnitker, *Die Abtreibung nach dem Amtlichen Entwurf eines Allgemeinen Deutschen Strafgesetzbuches 1925 (§ 228) unter Berücksichtigung des Reichstagsentwurfs von 1927*, Jur. Diss. Erlangen 1927, S. 12.

10 Frank Wedekind, *Heinrich von Kleist*, in: F. W., *Werke*, hrsg. von Erhard Weidl, 2 Bde., Bd. 1: *Gedichte und Lieder – Prosa – Frühlings Erwachen – Die Lulu-Dramen*, München 1996, S. 430–435, S. 432.

11 Alle Jahreszahlen beziehen sich auf den Erstdruck.

12 Vgl. Brigitte Hamann, *Hitlers Wien. Lehrjahre eines Diktators*, München/Zürich 1998, S. 108f., S. 522ff.

Raum für Notizen